EUROPA ERLESEN | LITERATURSCHAUPLATZ
HERAUSGEGEBEN VON GREGOR C. MÌLENA

Graz Portraits
Eine kleine Geschichte der Stadt
von Otto Hochreiter
unter Mitarbeit
von Gerhard Schwarz

Wieser *Verlag*

Die Herausgabe dieses Bandes erfolgte mit
freundlicher Unterstützung
der ZVEZA BANK

Wieser Verlag
A-9020 Klagenfurt/Celovec, Ebentalerstraße 34b
Telefon +43(0)463 37036 Fax +43(0)463 37635
office@wieser-verlag.com
www.wieser-verlag.com

Copyright © dieser Ausgabe 2008 by Wieser Verlag,
Klagenfurt/Celovec
Alle Rechte vorbehalten.
ISBN-15 978-3-85129-766-9

INHALT
5

Vorwort
6–9

Einleitung
10–18

1406–1600
21–65

1600–1740
67–105

1740–1809
107–147

1809–1848
149–177

1848–1918
179–203

1918–1934
205–237

1934–1945
239–267

Verzeichnis der Autoren und Autorinnen
269

Verwendete Literatur
270–276

Index
277–283

Impressum
284

VORWORT

Das „GRAZ PORTRAITS"-Projekt

Beim **stadtmuseum**graz-Colloquium „Die öffentliche Sammlung als Medium der Identitätsbildung" im Mai 2006 fragte mich der Leiter der Alten Galerie im Landesmuseum Joanneum, Ulrich Becker, ob wir nicht mit Bildern unserer beiden Museen so etwas wie eine „Steirische Portraitgalerie", eine länger dauernde Sonderausstellung, zusammenstellen könnten. Zwei Jahre später ist daraus die **stadtmuseum**graz-Ausstellung „GRAZ PORTRAITS. Eine kleine Geschichte der Stadt" mit 100 Gemälden, Skulpturen, Stichen und Originalfotos geworden, deren Katalogbuch in der Reihe „Europa erlesen" hiermit vorgelegt wird. Die Rolle der Portraits ist dabei vorrangig die der visuellen Geschichtsquelle, nicht des autonomen Kunstwerks, dessen formale Entwicklung reflektiert würde.

„GRAZ PORTRAITS" spannt einen Bogen von Ernst dem Eisernen über Domenico dell'Aglio, Leopold Gottlieb Biwald und Vinzenz Benedikt von Emperger bis zu Julius Kaspar. Nicht aufgenommen dagegen wurden Persönlichkeiten, die zwar den Ruhm der Stadt Graz dadurch vermehrt haben, dass sie hier geboren sind, nicht aber prägend für diese geworden sind. So sucht man in „GRAZ PORTRAITS" vergeblich nach Johann Bernhard Fischer von Erlach, Franz Ferdinand oder Robert Stolz.

Die Suche nach einem geeigneten Verlag gestaltete sich kurz und erfolgreich. Mit Lojze Wieser hat das Projekt „GRAZ PORTRAITS" seitdem einen überzeugten und andere überzeugenden Freund und Förderer hinzugewonnen. Wohin, wenn nicht in diese große Buchreihe über die Vielfalt Europas gehört ein Projekt, das sich die Verbindung der lokalen Geschichte mit dem jeweils gleichzeitigen europäischen, ein Katalogbuch, das sich den streng europäischen, nicht lokalpatriotischen Blick auf die Geschichte der Stadt Graz zum Programm gemacht hat? Die einzelnen Persönlichkeiten verkörpern jeweils auch Prinzipien, Gedankenwelten, Entwicklungen regionaler und europäischer Dimension. Man kann nicht auf Graz schauen, ohne Österreich und Europa mitzudenken. Identitätsbildung ohne ständigen Bezug zum Außen ist gar nicht ernsthaft denkbar. Wer nach der Identität einer Stadt fragt, muss eine Antwort finden auf die Frage, wie vernünftige, nicht irrationale Identität in einer zunehmend komplexeren Gesellschaft, in einem Europa der Regionen überhaupt zu finden ist. „GRAZ PORTRAITS" ist kein einfaches Instrument der naiven, lokalpatriotischen Identitätssicherung, sondern einer komplexen, vielfach gespiegelten Identitätssuche und damit der Selbstvergewisserung einer Stadt.

Ein Buch ist keine Ausstellung und kann diese auch nicht ersetzen, sondern nur sinnvoll ergänzen. Deshalb wurden die bildlichen Darstellungen zumeist stark beschnitten und ohne Passepartout, „abfallend" wiedergegeben, um ihren Reproduktionscharakter, aber auch den Charakter der Maske, der gesellschaftlichen Rolle – SVA CUIQUE PERSONA[1] – zu verstärken. Die Texte allerdings erscheinen, dem Medium Buch entsprechend, gegenüber der Ausstellung in drei- bis vierfacher Länge.

Allen privaten und öffentlichen Leihgebern, die sich für viele Monate von den ausgestellten Portraits getrennt und ihre freundliche Genehmigung zur Reproduktion gegeben haben, möchte ich sehr herzlich danken. Allen Mitgliedern des **stadtmuseum**graz-Teams, die auf Seite 284 angeführt sind, und allen auf Seite 269 genannten Co-Autoren und -Autorinnen, wie Franz Leitgeb und dem schon erwähnten Ulrich Becker, gilt mein großer Dank für ihren Einsatz für das „GRAZ PORTRAITS"-Projekt und dafür, dass sie es durch wache Kritik laufend verbessert haben. Am Ende dieser Arbeit wissen wir nun alle, dass eine „kleine Geschichte der Stadt" zu erstellen kein kleines Unterfangen ist, zumal in vielen Bereichen der Grazer Stadtgeschichte Quellendarstellungen und Fachliteratur sehr spärlich vorhanden sind.[2] Die vorhandenen Lücken der Forschung kann dieses Werk der kritischen und kontextuierenden Geschichtsvermittlung keinesfalls schließen.

Zwei Mitarbeitende des **stadtmuseum**graz, die wesentlichen Anteil an der konzeptionellen und inhaltlichen Gestaltung von Ausstellung und Buch hatten, möchte ich hier namentlich erwähnen: den Fachhistoriker Gerhard Schwarz, der so viel an Wissen, Überblick und Sorgfalt in das Projekt eingebracht hat, und die Leiterin unserer Ausstellungsabteilung, Margareth Otti, die den zugrunde liegenden zeitgenössischen Geschichtsbegriff wunderbar sinnfällig umgesetzt hat. So konnte uns eine gegen leichtfertiges Science-Infotainment wie gravitätischen Pseudo-Objektivitätsanspruch gerichtete Geschichtsdarstellung, die nun den konstruktiven, fragmentarischen und auch abstrakten Charakter von „GRAZ PORTRAITS" herausstellt, gelingen.

Widmen möchte ich dieses kleine Geschichtsbuch meinem Sohn, dem fleißigen Schüler Jakob, weil er mich so beharrlich gefragt hat, warum Kant sein Jahrhundert als eines der Aufklärung, nicht aber als aufgeklärtes Jahrhundert angesehen hat und warum das mit dem Ewigen Frieden, wie ihn sich Kant in weltbürgerlicher Absicht so schön ausgedacht hat, doch nicht funktioniert und warum wir immer noch in der von Kant so genannten „ungeselligen Geselligkeit" leben. Auch dieses Buch findet keine Antwort darauf.

---

1 JEDEM SEINE MASKE/ROLLE oder JEDER BESITZT/HAT EINE MASKE/ROLLE, wie auf einem Schiebedeckel (um 1520) zu einem verschollenen Florentiner Gemälde, der zum Schutz für ein anderes, darunter liegendes Portraitbild diente, zu lesen ist. Das Wort changiert in seiner Bedeutung zwischen dem maskierten Spiel einer (Theater-)Rolle und dem Einzelnen als gesellschaftlicher Kraft und moralischer Instanz. Vgl. auch: Hannah Baader: Anonym: „Sua cuique persona". Maske, Rolle, Porträt (um 1520). In: Preimesberger, Baader, Suthor (Hrsg.): Porträt, Berlin 1999, S. 239–246.

2 So gibt es in dem seit 1968 erscheinenden Historischen Jahrbuch der Stadt Graz lediglich acht Aufsätze, die sich direkt auf die Portraits dieses Buches beziehen.

EINLEITUNG

GRAZ PORTRAITS.
Eine kleine Geschichte der Stadt

*Das, was war, interessiert uns nicht darum,
weil es war, sondern weil es in gewissem
Sinn noch ist, indem es noch wirkt …"*
Johann Gustav Droysen, Historik

Dieser Versuch, „eine kleine Geschichte der Stadt" aus heutiger Perspektive vor dem Hintergrund der großen europäischen Geschichte vorzulegen, hat selbst eine gute europäische Tradition. Lucien Febvre, der mit seinem „histoire totale"-Konzept den Zusammenhang von Geografie und Geschichte thematisierte, schrieb, er habe „immer nur ein einziges Mittel gekannt, um die große Geschichte richtig zu erfassen und richtig zu verstehen. Es besteht darin, zuallererst von Grund auf und in ihrer gesamten Entwicklung nach über die Geschichte einer Region, einer Provinz zu verfügen".[1] „GRAZ PORTRAITS. Eine kleine Geschichte der Stadt" versammelt Personen, die Graz von der Zeit als „Kaiserresidenz" bis zu jener als „Stadt der Volkserhebung" wesentlich geprägt haben. Die Biografien sind signifikant für die Geschichte der Stadt zwischen 1400 und 1945. „GRAZ PORTRAITS" beschränkt sich nicht nur auf die jeweils Mächtigen und die Kulturheroen, sondern erweitert den historischen Blick auf die Bereiche der Wirtschaft und des Sozialen und vor allem auch auf die im historischen Prozess Unterlegenen.

„GRAZ PORTRAITS. Eine kleine Geschichte der Stadt" folgt den Grundsätzen der École des Annales, mit regional begrenzten Studien das globale Kontinuum der Geschichte aufzubrechen und mit unterschiedlichen Zeitebenen zu operieren. Und es bekennt sich durch buchstäbliche Lücken (leere Rahmen) zur Foucault'schen „Diskontinuität": zu den Brüchen, Lücken und Schnitten in der Tradierung historischen Wissens, zu den Leerstellen und Absenzen in der historischen Begründung. Wer die Ausstellung betritt, steht in einem Spiegelkabinett der Geschichte auf schwankendem Boden. Die große, alles legitimierende und erklärende, womöglich lokalpatriotische Erzählung der „Geschichte" der Stadt Graz unterbleibt zugunsten vieler kleiner neutraler Erzählungen von Biografien. Dieses Buch bringt mehr an Vielfalt von Geschichten als Einheit „der" Geschichte, wie es Lyotard in seinem auf Kant anspielenden „Sendschreiben zu einer allgemeinen Geschichte"[2] fordert.

(1) Freiheitsträume

Die 100 Graz-Portraits zeichnen sehr individuelle Lebensbilder im Spiegelbild der großen europäischen Themen, Konflikte und Bewegungen. Sie bilden im Gesamtkontext aber auch eine kleine Geschichte des autoritären Machtanspruchs, während politische Teilhabe und liberale Bürgerlichkeit hierzulande in allen sieben dargestellten Epochen letztlich unterlegen blieben.

Erste Epoche 1400 bis 1600: Im Jahr 1600 wurden alle „Protestanten", welche zuvor die Mehrheit der Grazer Bevölkerung repräsentierten, wieder „rechten Glaubens" oder aus der Stadt vertrieben.

Zweite Epoche 1600 bis 1740: Das österreichische „Heldenzeitalter" der Barockzeit duldete noch weniger Abweichungen vom katholischen Absolutismus; Böhmen wurde im Dreißigjährigen Krieg von Ferdinand konfessionell und politisch gleichgeschaltet, der ungarische Magnatenaufstand, auch ein Kampf um politische und religiöse Freiheit, endete mit der Hinrichtung der Verschwörer: Tattenbach wurde im Grazer Rathaus 1671 enthauptet.

Dritte Epoche 1740 bis 1809: Das Jahrhundert der Aufklärung von oben, in dem die Basis des neuzeitlichen Österreich gelegt wurde, endete nach dem rigiden Joseph II. und dem liberal-konzilianten Leopold II. bei einem reaktionären, antiaufklärerischen Despoten, Franz I., der Vorläufer demokratischer Bewegungen als „jakobinische Verschwörer" verfolgte.

Vierte Epoche 1809 bis 1848: Was für uns heute selbstverständlich ist, Presse-, Lehr- und Lernfreiheit, Teilhabe an der Politik und bürgerliche Grundrechte, sie wurden nach der Niederschlagung der 1848er Revolution im Neoabsolutismus von Kaiser Franz Joseph, wie schon im Polizeistaat des Vormärz, mit Füßen getreten.

Fünfte Epoche 1848 bis 1918: Trotz der späteren gesellschaftlichen Liberalisierung unter diesem vorletzten Kaiser führte gerade die Vorstellung, dass es sich bei der deutschen Kultur um eine höher stehende handeln würde, durch Bürgermeister Graf prominent vertreten, zum „Weltuntergang"[3] des Ersten Weltkriegs.

Sechste Epoche 1918 bis 1934: Die krisenhafte, extrem polarisierte und gewaltbereite, aber immerhin demokratische Zeit der Ersten Republik – in Graz mit Langzeitbürgermeister Muchitsch – endete im „austrofaschistischen" Einparteienstaat Dollfuß'scher Prägung.

Und siebte Epoche 1934 bis 1945: Das letzte Kapitel von „GRAZ PORTRAITS" handelt von der größtmöglichen politischen Unfreiheit und dem nach wie vor unfassbaren politischen Verbrechen des Nationalsozialismus – sein Grazer Bürgermeister hieß Julius Kaspar – mit Hitlers Vernichtungskrieg und dem wahnhaften Völkermord vor allem an Juden.

Eine obrigkeitsstaatliche Gesellschaft, die bis ins 20. Jahrhundert fast aller politischen Freiheiten beraubt, ohne erfolgreiche bürgerliche Revolution in die Moderne eingetreten war und die stets die Überlegenheit des jeweils Eigenen gegenüber dem Fremden zur Doktrin hatte, konnte dem Faschismus letztlich nicht widerstehen – der autoritären, auf Gehorsam und Gewalt gegründeten Antithese zur Aufklärung.
In diesen sieben Kapiteln verlorener Hoffnungen auf politische, religiöse und gesellschaftliche Freiheiten hat

sich Graz einmal mehr, einmal weniger hervorgetan, diese zu vergrößern oder aber sie zu vernichten. In diesen sieben Epochen war Graz einmal mehr, einmal weniger leidtragende Stadt im „Strom der Zeit". Die verästelten Lebensumstände der Einzelnen – Künstler und Wissenschaftler, Mächtige wie namenlose Opfer und Rebellen, Unternehmer wie unbekannte Notleidende und Ausgestoßene –, sie legen mit ihren Biografien Zeugnis davon ab, wie sehr in den einzelnen Epochen das Individuum und wie sehr das Allgemeine wirksam wurden. „Zeit und Mensch", würde Jacob Burckhardt sagen, „treten in eine große, geheimnisvolle Verrechnung."[4]

(2) Den Menschen aufspüren

Der erwähnte Lucien Febvre, der den geschichtlichen Raum unter Erfassung möglichst vieler Faktoren wie Wirtschaft, Politik, Religion und Glaube, Lebensstil, Mentalität etc. deutete, schrieb: „Wer immer behauptet, Historiker zu sein, und sich nicht bemüßigt fühlt, den Menschen aufzuspüren, wo dieser auch verborgen sein mag, den lebenden, fühlenden Menschen voller Leidenschaft, Feuer, Temperament – der ist ein stumpfer Geist …"[5]

Im vorliegenden Buch wie in der Ausstellung ist es möglich, den lebenden, fühlenden Menschen in sieben Epochenabschnitten aufzuspüren, wie er beispielsweise eine Spur des Hungers und der Armut hinterlässt.

Beginnend mit der Bettlerin Martha Messner, die 1672 als Hexe angeklagt und hingerichtet wurde, und dem unbekannten Arbeitshäusler des 18. Jahrhunderts, der in dem von Kaiser Karl VI. initiierten Zucht- und Arbeitshaus zusammen mit anderen Bettlern, Vagabunden und Schuldnern den „göttlichen Wert" der Arbeit kennenlernte.

Die Spur setzt sich fort im aufständischen Proletarier von 1848, der mit vielen wütenden Verarmten gegen die hohen Brotpreise durch Plünderung der Grazer Bäckereien protestierte, und im unbekannten Arbeiter des 19. Jahrhunderts, einem landflüchtigen jungen Bauern, der trotz 72-Stunden-Woche auch Frau und Kind mitarbeiten lassen musste, bis zum Lehrmädchen Leopoldine Schnepf, das beim „Kirschenrummel" des Jahres 1920 gegen überhöhte Obst- und Gemüsepreise demonstrierte und von der Gendarmerie erschossen wurde. „Aber der Ruhm", schrieb schon Jacob Burckhardt, „welcher vor denen flieht, die ihn suchen, folgt denen nach, welche sich nicht um ihn bemühen."[6]

Eine Todesspur der Vernichtung von Gegnern führt vom Spätmittelalter bis in die nationalsozialistische Zeit:

Kaiser Friedrich III. ließ seinen Gläubiger, den Söldnerführer Andreas Baumkircher, 1471 zu Verhandlungen nach Graz kommen, ihn sofort gefangen nehmen und ohne Verhör und Gericht hinrichten, obwohl dieser ihm wenige Jahre zuvor zweimal das Leben gerettet hatte.

Hans Haas, der Prediger, der wie alle Täufer Kriegsdienst und Untertaneneid verweigerte, wurde 1527 in Graz als Ketzer hingerichtet.

Der schon erwähnte Hans Erasmus von Tattenbach, einer der Aufständischen der ungarischen Magnatenverschwörung, wurde auf Geheiß Kaiser Leopolds I. 1671 in Graz enthauptet.

Der nationalsozialistische Terror ist mit drei Beispielen angeführt: Die Malerin Ida Sofia Maly wurde 1941 im Rahmen eines Euthanasieprogramms als psychisch Kranke selektiert und ermordet; der Architekt und Widerstandskämpfer Herbert Eichholzer 1943 wegen „Vorbereitung zum Hochverrat" durch das Fallbeil hingerichtet, ebenso 1943 der Schriftsteller und Widerstandskämpfer Richard Zach.

Auch einer hellen Spur der an der Würde des Individuums orientierten „Illumination", des Humanismus, der Aufklärung, der Toleranz, des Liberalismus kann durch Buch und Ausstellung nachgegangen werden. Beginnend etwa mit dem größten aller Astronomen,

Johannes Kepler, der als „Protestant" freien Geistes genug war, die Erkenntnisse des Copernicus, die auch von bibeltreuen Evangelischen und erst viel später von der katholischen Kirche bekämpft worden waren, weiterzudenken.

Fortgesetzt etwa durch den Historiker Aquilinus Julius Caesar, der, obwohl von Jesuiten ausgebildet, ein entschiedener Anhänger der Aufklärung war, und den „Wunderdoktor", Priester und Freimaurer Fortunat Spöck, der geschlechtskranke Frauen nicht verstieß, sondern heilte.

Oder den Rechtsgelehrten und Lehrer Erzherzog Johanns, Franz Anton Zeiller, den Hauptverfasser des Allgemeinen Bürgerlichen Gesetzbuches (ABGB), das mit den Leitideen der Freiheit und Gleichheit aller Untertanen vor dem Gesetz einen frühen Schritt ins moderne bürgerliche Zeitalter bedeutete.

Für die Rechte der slowenischen Landesbewohner setzte sich Vinzenz Benedikt von Emperger ein, der als 1848er Revolutionär zu 18 Jahren Kerker verurteilt wurde.

Und als geistiger Brückenbauer zum osmanischen Kulturkreis galt Joseph von Hammer-Purgstall, dessen „Geschichte des Osmanischen Reiches" bis heute anerkannt ist.

Der mit einer jüdischen US-Amerikanerin verheiratete Maler Wilhelm Thöny verließ 1931 Graz und wollte die Stadt 1934 wieder besuchen, „vorausgesetzt, dass die politischen Manieren besser geworden sind". Er sollte seine Geburtsstadt nie mehr wiedersehen.

Die Zivilcourage, sich dem Exodus seiner jüdischen Kollegen aus Deutschland anzuschließen, konnten die Nationalsozialisten dem liberal gesinnten Atomphysiker Erwin Schrödinger nicht verzeihen, sodass er 1938 aus Graz fliehen musste.

(3) Der gesellschaftliche Sinn der Stadt

Graz ist eine der wenigen weitgehend erhaltenen Prototypen einer gewachsenen europäischen Stadt. In wenigen Städten ist die Geschichte der Entstehung der sich vom Feudalismus befreienden bürgerlichen Gesellschaft so vollständig präsent wie hier.

Europäische Stadtgeschichte ist Emanzipationsgeschichte des Bürgers, mit dem die der Neuzeit eigentümliche Zukunftsgerichtetheit endgültig durchbricht. „Die Stadt", sagt Sennett, „ist das Instrument nichtpersonalen Lebens, die Gussform, in der Verhaltensstile, Interessen, Geschmacksrichtungen in ihrer ganzen Komplexität und Vielfalt zusammenfließen und gesellschaftlich erfahrbar werden."

„GRAZ PORTRAITS" ist ein Beitrag zur Urbanisierung, zur Vergesellschaftung der Stadt Graz, indem es an die zivilisatorische Kraft der Stadt erinnert: Die Stadt war Plattform des gesellschaftlichen Lebens, Ort, an dem Interessen aufeinanderprallten und auch ausgeglichen wurden. Die Stadt war und ist immer das Versprechen einer Befreiung von beengten politischen und sozialen Verhältnissen, die Hoffnung auf die richtige Balance zwischen Öffentlichkeit und Privatheit, auch der produktiven Erfahrung von Differenz und damit Stillung der Neugier. Davon handeln Ausstellung wie Buch.

Richard Sennett beklagt in „Verfall und Ende des öffentlichen Lebens. Die Tyrannei der Intimität" die Verdrängung der „res publica". „Diese Veränderung hat uns den Blick für zwei wesentliche Bereiche der gesellschaftlichen Realität verstellt, für den Bereich von Macht und Herrschaft und für den architektonischen Raum, in dem sich unser Leben abspielt."[7] Indem „GRAZ PORTRAITS" von lokalen und überregionalen Machtinteressen handelt, von ethnischen und Klassengegensätzen, von Konflikten zwischen Religionen und Regionen, öffnet es den Blick auf den gesellschaftlichen Sinn der Stadt, stärkt es das Verständnis für die Zwecke der Stadt.

(4) „Überzufällige Harmonie"

„GRAZ PORTRAITS" kann in mehrfachem Wortsinn verstanden werden: als indirekte Portraits einer Stadt, als Portraits in Form biografischer Texte und auch als Bildzeugnisse von Personen, die Graz geprägt haben oder deren Leben, Wirken und Leiden die Stadt charakterisieren. Sowenig eine kunsthistorische „Stilgeschichte" dieser klassischen Bildgattung angestrebt wird, so sehr spielt dieses Bild-Medium der Geschichtsvermittlung in seiner spezifischen Eigenart eine Schlüsselrolle.

Eine kleine Geschichte der Stadt in Form von Portraits, seien es Gemälde, Skulpturen und alte Stiche, seien es Briefmarken oder Fotografien, hat etwas Kalmierendes, versöhnt das Disparate, schafft Harmonie. Georg Simmel hat in seinem berühmten Aufsatz über „Das Problem des Portraits" darauf hingewiesen, in dem er das Chaos des Lebens „mit tausend Brüchen und unbegreiflichen Zufälligkeiten und Feindseligkeiten seiner Elemente" dem „festen durchsichtigen Sinn, einer überzufälligen Harmonie" des Kunstbezirks gegenüberstellte. – „So ist die Harmonie, die die Dinge in ihrem [der Kunst] Spiegel finden, so partiell sie sein mag, uns eine Ahnung und ein Pfand dafür, daß die Elemente des Lebens im allertiefsten Grunde auch ihrer Wirklichkeit doch vielleicht nicht so hoffnungslos gleichgültig und gegensätzlich auseinanderliegen, wie das Leben selbst uns oft glauben machen will."[8]

Neben der Simmel'schen „überzufälligen Harmonie" entsteht durch die Aneinanderreihung so vieler Gesichter eine eigentümliche Verfremdung, die weit entfernt ist von allen Versuchen, „der Geschichte" ein buntes Kleid anzuziehen. Nein: Geschichtlichkeit wird zur „Gesichtlichkeit". Deleuzes Diktum von der „visagéité" besagt, dass der Kopf, nicht aber das Gesicht zum Körper gehört, also mehr Maske als Natur ist.[9]

„GRAZ PORTRAITS. Eine kleine Geschichte der Stadt" versucht der, in einem geistigen Sinn, Falle auszuweichen, alles „verlebendigen" zu wollen. Es gibt aber keine „lebendige Vergangenheit". Im Gegenteil: Es sind tote Gesichter. Das Portrait vertritt den oder die Dargestellte(n) über seinen, ihren Tod hinaus, der Appell des Portraits ist einer der Erinnerung. 100 Portraits, 100 tote Gesichter machen zusammen eine merkwürdige Totenstadt der Erinnerung. Der Mund aller hier Portraitierten bleibt stumm, kein Weinen, kein Lachen kehrt je wieder, kein Gesang wird zu hören sein, alle Schreie des Schmerzes sind erstorben.

1 Lucien Febvre: Das Gewissen des Historikers–Berlin 1988, S. 237.
2 Vgl. Jean-François Lyotard: Postmoderne für Kinder, Wien 1987, S. 38 ff.
3 Karl Kraus schreibt in seinem Nachruf auf Franz Ferdinand in seiner „Fackel" vom 10. Juli 1914 von „der Epoche des allgemeinen Menschenjammers, der in der österreichischen Versuchsstation des Weltuntergangs die Fratze des gemütlichen Siechtums annimmt".
4 Jacob Burckhardt: Das Individuum und das Allgemeine. In: Weltgeschichtliche Betrachtungen (1870). In: ders.: Das Geschichtswerk, Frankfurt am Main 2007, Bd. 1, S. 920.
5 Lucien Febvre: Das Gewissen des Historikers–Berlin 1988, S. 226.
6 Jacob Burckhardt: Das Individuum und das Allgemeine. In: Weltgeschichtliche Betrachtungen (1870). In: ders.: Das Geschichtswerk, Frankfurt am Main 2007, Bd. 1, S. 920.
7 Richard Sennett: Die Tyrannei der Intimität. In: Gedanke und Gewissen. Essays aus hundert Jahren, hrsg. von Günther Busch und J. Hellmut Freund. Frankfurt am Main, 1986, S. 609.
8 Georg Simmel: Das Problem des Portraits. Neue Rundschau 1918, Bd. II, S. 1336. Wiederabgedruckt in: Der Goldene Schnitt. Große Essayisten der Neuen Rundschau 1890–1960, Frankfurt am Main 1960.
9 Vgl. Gilles Deleuze – Félix Guattari: Die Erschaffung des Gesichts. In: dies.: Tausend Plateaus, Berlin 1992, S. 233–235. „Wenn der Mensch eine Bestimmung hätte, so bestünde sie wohl darin, dem Gesicht zu entkommen, das Gesicht aufzulösen, nicht wahrnehmbar zu werden (…). Ja, das Gesicht hat eine große Zukunft, aber nur, wenn es zerstört und aufgelöst wird."

1406–1600

Stände
Landtage
Innerösterreich
Residenz
Festung
„Türkenkriege"
Militärgrenze
„Illumination"
Humanismus
Aufklärung
Reform
Reformation
Kreuzzug
„Abfall vom rechten Glauben"
Juden
Bürgerschaft
Toleranz
Aufstand
Landesfürst
Gegenreformation
„Katholisch machen"
Absolutismus
Habsburgische Expansion
Das neue Wissen

Ernst „der Eiserne", Herzog
1377–1424

Der Sohn Herzog Leopolds III., des Begründers der leopoldinischen Linie des Hauses Habsburg, und Viridis Viscontis, Prinzessin von Mailand/Milano, heiratete in zweiter Ehe Czimbarka von Masowien, die aus einer polnisch-russisch-litauischen Familie stammte. Ihr ältester Sohn Friedrich, der spätere Kaiser, wiederum ehelichte 1452 in Rom/Roma die Infantin von Portugal, Eleonore/Leonor. Den dem Ungarnkönig Matthias Corvinus/Hunyadi Mátyás zugeschriebenen Spruch „Andere mögen Kriege führen, du, glückliches Österreich, heirate!" folgten die Habsburger also schon vor der vor allem uns bekannten Hochzeit von Ernsts Enkel Maximilian mit Maria, der Erbin Burgunds.

Kriege führte Ernst, der erst nach seinem Tod den Beinamen „der Eiserne" erhielt, vornehmlich gegen seinen Bruder Leopold IV. den „Dicken" um die Vorherrschaft in den österreichischen Ländern. Erst das Eingreifen der Stände, die sich erstmals mittels Landtagen in die bisherige Alleinherrschaft der Fürsten einmischten, und der Tod Leopolds beendeten den Bruderzwist, Ernst musste sich mit der Herrschaft über die Herzogtümer Steiermark und Kärnten sowie Krain/Kranjska begnügen. Damit wurde zum ersten Mal der Länderkomplex mit der Hauptstadt Graz/Gradec gebildet, der unter Erzherzog Karl II. in der zweiten Hälfte des 16. Jahrhunderts als „Innerösterreich" bekannt werden sollte. Zuvor aber wurde Graz/Gradec im Verein mit anderen österreichischen Städten unter der Herrschaft von Ernsts Sohn Friedrich das erste und einzige Mal in seiner Geschichte Residenzstadt eines Kaisers.
(gs)

Ernst der Eiserne (Bildausschnitt), anonym, undatiert, Stich, Steiermärkisches Landesarchiv

Friedrich V./III., Kaiser
1415–1493

Mit seinem Namen ist vieles verknüpft: für Graz/Gradec die geschichtlich denkwürdigste Zeit der Kaiserresidenz mit Ausbau der Burg und des Domes und kulturell-geistiger Hochblüte, für die Steiermark eine Zeit beispiellosen Schreckens, wie er im Gottesplagenbild am Dom, verblassend zwar, noch zu sehen ist. Im Heiligen Römischen Reich galt er einerseits als „Erzschlafmütze" und andererseits als Herrscher, der mit der Vereinigung der habsburgischen Hauptlinien, der das Reich konsolidierenden Erblichkeit der Krone und mit dem Beginn der habsburgischen Heiratspolitik die Größe der „Casa de Austria" begründete. „AEIOU" war das ebenso geheimnisvolle wie stolze Signum des Humanistenfreundes, Alchemisten und Büchersammlers von saturnischem Charakter.

Er wurde 1435 als Friedrich V. Herrscher von Innerösterreich, vertrieb kurz danach die Juden aus Graz/Gradec, baute ab 1452 als Kaiser Friedrich III. Graz/Gradec zur Residenzstadt aus. Der finanziell und militärisch schwache Kaiser war nicht imstande, die östlichen Grenzen seines Reiches zu befrieden. Die Einfälle der „Türken" konnte er nicht effektiv abwehren, und er wurde durch die Eroberung Österreichs und den Einmarsch Matthias Corvinus' von Ungarn/Hunyadi Mátyás in Wien gedemütigt. Nach 1486, nachdem sein Sohn Maximilian römischer König geworden war, teilte er mit diesem die Macht. Zähigkeit und hohes Alter verhalfen ihm zu späten Erfolgen.
(oh)

Kaiser Friedrich III. (Bildausschnitt), Edgar Huber, Kopie 1982, Öl auf Holz, **stadtmuseum**graz

Osmanische Expansion

1453 eroberten die Osmanen Konstantinopel (das heutige Istanbul), wodurch das Byzantinische Reich unterging. Als 1529 die „Türken" vor Wien standen, war das okzidentale Europa auf den bis dahin engsten Raum zusammengedrängt. Gegen die Expansion des Osmanischen Reiches gerichtete „Türkenkriege" gab es vom Beginn des 16. bis zum Ende des 18. Jahrhunderts. Eine Militärgrenze wurde errichtet, an der die Steiermark einen sehr großen Anteil hatte. „Der Türk" war „der Protestanten Glück" insofern, als viele Zugeständnisse an den die Kriege finanzierenden Adel gemacht werden mussten. Das allmähliche Zurückdrängen des Osmanischen Reiches führte zur habsburgischen Expansion nach Ungarn und auf den Balkan.

„Illumination"

Der geistige Umbruch des Humanismus ab Mitte des 15. Jahrhunderts richtete sich als „Illumination" einer neuen universalistischen Humanität gegen die Bevormundungen des „dunklen Mittelalters". An der idealisierten Antike orientiert, verkündete der Humanismus die Würde des Individuums und bereitete damit die Aufklärung vor. Während sich der Humanist und nachmalige Papst Pius II. Silvio Piccolomini vom Grazer Hofe Kaiser Friedrichs III. aus am stockenden Reformprozess der katholischen Kirche beteiligte, waren später Humanisten des Nordens in die Reformation involviert. Das von den evangelischen Ständen errichtete Renaissance-Landhaus zeugt vom Geist dieser „Illumination".

Enea Silvio Piccolomini, Papst
1405–1464

Enea Silvio Piccolomini war 1437 nach Österreich gekommen und wurde einige Jahre später Sekretär am Hof König Friedrichs III. in Graz/Gradec. Nach der Priesterweihe wurden ihm unter anderen die Pfarren Irdning und Altenmarkt als Pfründe zugeteilt. Piccolomini wurde zuerst zum Bischof von Triest, später von Siena ernannt. 1455 verließ er den Kaiserhof in Graz/Gradec, um danach Kardinal und schließlich drei Jahre später als Pius II. Papst zu werden. Piccolomini stieg in Graz/Gradec rasch vom Sekretär zu einem der einflussreichsten Berater des Königs und zum angesehenen Diplomaten auf. Er vermittelte die Ehe zwischen Friedrich III. und Eleonore/Leonor von Portugal, nach der Eroberung Konstantinopels/Istanbuls durch die Osmanen trat Piccolomini noch von Graz/Gradec aus unermüdlich für die Ausrichtung eines neuen Kreuzzuges ein. Er ließ seine Heimatstadt Pienza nach Idealvorstellungen neu aufbauen und die dortige Kathedrale nach dem Vorbild des späteren Grazer Doms als Hallenkirche aufführen.

In Österreich wurde Piccolomini durch Reden, Briefe und Dichtungen zum Bahnbrecher des Humanismus; seine „Historia Austrialis", eine für Friedrich III. geschriebene Geschichte Österreichs, ist eine wichtige zeitgeschichtliche Quelle. Über die Stadt Graz/Gradec hat er sich nur kurz und dürr ausgelassen; sehr amüsant zu lesen ist hingegen sein Brieftraktat „Über die armseligen Lebensumstände der kleinen Hofbeamten", in dem er das Leben am Grazer Hof König Friedrichs III. in Form einer Satire schildert.
(gs)

Bildnis Papst Pius II. (Bildausschnitt), Theodor de Bry nach einer Vorlage von Jean Jacques Boissard, 2. H. 16. Jh., Stich, Bildarchiv der Österreichischen Nationalbibliothek

Niclas Strobl, Stadtrichter
unbekannt – 1478

Niclas Strobl wanderte aus Salzburg nach Graz/Gradec zu, wo er bis zu seinem Tod 1478 lebte. Als Fleischhauer und Händler in der Herrengasse kam er zu Ansehen und Reichtum, sodass er in die Grazer Bürgerschaft aufgenommen wurde. In den Jahren 1452 und 1465 sowie von 1466 bis 1469 wird Strobl als Stadtrichter genannt, im Jahr 1461 bekleidete er auch das Amt des Bürgermeisters. Die eigentliche Bedeutung von Niclas Strobl liegt in der Tatsache, dass er dieses Gerechtigkeitsbild in Auftrag gegeben – gestiftet – hat. Es zeigt den weltlichen Richter – Niclas Strobl – in der Ausübung seines Amtes, das Jüngste Gericht ist dieser Szene gegenübergestellt. Liefert uns dieses Bild auch kein Portrait im eigentlichen Sinne, so zeigt es uns als wertvolle Quelle der Rechtsgeschichte den Ablauf einer spätmittelalterlichen Gerichtsverhandlung und stellt die involvierten Personen vor. Von diesem Typus eines „Gerechtigkeitsbildes" sind uns weltweit nur vier Exemplare erhalten: das Grazer Stadtrichterbild sowie Gemälde in Würzburg, Wesel/Rheinland und Maastricht. Allein diese Tatsache unterstreicht den Wert dieses Gemäldes nicht nur aus kunsthistorischer Sicht.
(fl)

Gerichtstafel des Stadtrichters Niclas Strobl, anonym, 1478, Öl und Tempera auf Fichtenholz, **stadtmuseum**graz

Balthasar Eggenberger, Münzmeister
um 1425–1493/1494

Das Lebensschicksal dieses Finanztycoons ist höchst bezeichnend für die Schlüsselrolle einer neuen Funktionselite zwischen Mittelalter und Neuzeit. Balthasar stieg zum Münzmeister Kaiser Friedrichs III. auf und wurde damit ein wirtschaftlicher Machtfaktor ersten Ranges. Verbunden sind mit seinem Namen aber auch eine verhängnisvolle Münzverschlechterung und die Verbreitung minderwertigen Geldes, der berüchtigten „Schinderlinge" (um 1460). Zielbewusst knüpfte Balthasar europäische Verbindungen: nach Venedig/Venezia, Ungarn, Augsburg und Nürnberg. Zu seinen Partnern zählte sogar ein Feind seines Herrn, der Ungarnkönig Matthias Corvinus/Hunyadi Mátyás. Diesem verdankte er den persönlichen Adel (1467) und das charakteristische Wappen. In dieser Zeit erwarb er vor den Toren von Graz/Gradec ein festes Anwesen, die Keimzelle für das spätere Schloss Eggenberg. Der Sage nach fiel Balthasar in Ungnade und starb in Kerkerhaft. Nach seinem Tode beliefen sich die kaiserlichen Schulden bei der Familie Eggenberger auf die gewaltige Summe von 34.000 Goldgulden. (ub/gs)

Andreas Baumkircher, Söldnerführer
um 1420–1471

Das Fresko am Grazer Dom schildert „gotsplag […] jede so groß, dass dem menschen unerhörlich ist" unter der Regierung Friedrichs III.: Hunger als Folge der Heuschrecken, der „haberschrekh", die „pestilenz" und als dritte Gottesplage Kriegsverwüstungen durch die „türken". Es fehlt als weitere die „Ungarnnot", die Bedrohung durch König Matthias Corvinus/Hunyadi Mátyás, mit dem sich der Söldnerführer und -unternehmer Andreas Baumkircher abstimmte, als er an der Spitze des gegen Kaiser Friedrich gerichteten steirischen Adelsbundes das Land mit seiner verheerenden Fehde überzog. Friedrich war nicht imstande, Baumkircher die ausstehenden Zahlungen für seine Ausgaben als Söldnerführer zu leisten, und beanspruchte Grazer Bürger wie Balthasar Eggenberger, ihm auszuhelfen. Der Kaiser, der seinen Gläubiger unter Zusicherung freien Geleits zu Verhandlungen nach Graz/Gradec kommen ließ, beendete die Fehde mit Gefangennahme und Hinrichtung Baumkirchers ohne Verhör und Gericht, obwohl dieser ihm wenige Jahre zuvor zweimal das Leben gerettet hatte. Der Fluch der bösen Tat: Was Friedrich damit als erledigt sah, war der Beginn einer zwei Jahrzehnte währenden gewaltsamen Rebellion des Adels, die das Land verwüstete.
(oh)

Jona(s) von Graz/Gradec, Geldverleiher
um 1493

Über Jona(s) wissen wir, wie übrigens über fast alle Menschen des Mittelalters, so sie nicht ganz an der Spitze der Gesellschaft standen, nur sehr wenig. Jona(s) erlangte traurige Berühmtheit, als er mit anderen 1493 unter der für Juden „üblichen" Anklage wegen Hostienschändung und rituellen Kindsmordes in den Kerker geworfen wurde und „mit und ohne Marter" seine „Verbrechen" gestanden hatte. Die erste Nachricht über jüdische Grazer stammt aus dem Jahr 1261, Graz/Gradec ist damit die urkundlich am frühesten dokumentierte Judengemeinde des Landes und sollte später, im 15. Jahrhundert, auch seine größte werden.

Ihre wirtschaftliche Geschichte gleicht der der Juden in ganz Europa: 11./12. Jh.: Die jüdischen Fernhändler wurden zu Geldverleihern, weil bei uns noch das biblische Zinsverbot galt. 13./14. Jh.: Das neu entstehende Zunftwesen grenzte sich unter anderem auf religiöser Grundlage gegen die Konkurrenz Außenstehender (und damit der Juden) ab. Das jüdische Handwerk wurde auf die jüdische Gemeinde beschränkt. 14./15. Jh.: Die Juden wurden völlig auf den Geldverleih zurückgedrängt, sie zahlten hohe Steuern an den Landesherrn und wurden dafür von ihm geschützt. 1414 wurde die erste christliche Bank in Genua/Genova gegründet, damit verloren die Juden langsam ihre Existenzberechtigung. Bürger und Adelige bestürmten den Landesherrn, er möge die Juden vertreiben, sie würden ihm den Steuerausfall schon ersetzen. Der ließ sich schließlich erweichen.

(gs)

Juden

Nachdem Maximilian I. Ende des 15. Jahrhunderts die Juden aus der Stadt vertrieben hatte, blieb Graz/Gradec bis 1861 eine „Stadt ohne Juden". Ihre Stellung hatte sich seit den Judenmassakern während der ersten beiden Kreuzzüge zusehends verschlechtert. Juden hatten einen gelben Fleck zu tragen und wurden immer wieder des „Ritualmordes" angeklagt. Während der Großen Pest Mitte des 14. Jahrhunderts beschuldigte man sie der „Brunnenvergiftung" und ermordete sie in Massen. Auch andere Länder wie Frankreich, Spanien und Portugal vertrieben ihre Juden. Toleranz erfuhren sie in den Niederlanden Ende des 16. Jahrhunderts und ab Mitte des 17. Jahrhunderts in England.

„Abfall vom rechten Glauben"

Die Auflösung der Glaubenseinheit hatte Europa grundsätzlich verändert. Die Reformation war aus katholischer Sicht Abfall vom „allein selig machenden Glauben" durch Reformatoren wie Luther, Calvin oder auch Primož Trubar, der die Bibel ins Slowenische übersetzte. Während die sozialrevolutionären Bewegungen der Reformation, wie die der Täufer, niedergeschlagen wurden, setzten sich das gemäßigte Luthertum vor allem im Deutschen Reich und der bürgerlich-revolutionäre Calvinismus unter anderem in Ungarn langfristig durch.

Hans Haas, Prediger
um 1494–1527

Hans Haas (auch Has, Hass) war zuerst katholischer Priester, bis er mit den Ideen der Täufer in Kontakt kam. In Windischgrätz/Slovenj Gradec begann er mit seiner Predigttätigkeit. Ob er dort oder in Graz/Gradec verhaftet wurde, ist bis heute unklar. Hans Haas wurde am 2. Dezember 1527 in Graz/Gradec hingerichtet. Er war somit das erste hiesige Opfer der Verfolgung aus Glaubensgründen in der Reformationszeit.

Die Bewegung der Täufer bildete sich im 16. Jahrhundert im Gefolge der Reformation heraus. Die bei uns gebräuchliche Bezeichnung „Wiedertäufer" stammt von ihren Gegnern, weil die Täufer die Säuglingstaufe ablehnten. Dadurch setzten sie nach dem althergebrachten Glauben die Kinder der Gottlosigkeit aus. Zudem verweigerten sie den Kriegsdienst und den Untertaneneid, was auch für die weltliche Obrigkeit untragbar machte. Alarmiert durch den Großen Bauernkrieg in Süddeutschland von 1524 bis 1526, griffen die Behörden rigoros durch, um einen neuerlichen Aufstand schon im Keim zu ersticken. Insgesamt wurden im Reich und in der Schweizer Eidgenossenschaft etwa 850 Täufer als Ketzer hingerichtet. Wer sich nicht beugen wollte, verließ das Land. Zuerst wanderten die Täufer nach Mähren aus, schlussendlich ließen sie sich in den USA und Kanada nieder. Der bedeutendste Grazer Führer war Kaspar Maler, in seinem Haus in der Jungferngasse im ehemaligen jüdischen Ghetto trafen sich die Täufer zu ihren Gottesdiensten. Maler wurde im Jahr 1529 festgenommen und aus Graz/Gradec vertrieben.
(gs)

Domenico dell'Aglio, Baumeister
1515–1563

Domenico dell'Aglio war einer der ersten italienischen Baumeister in Graz/Gradec. 1558 von Kaiser Ferdinand I. geadelt, wählte er den Knoblauch (ital. aglio) als sein Wappen. Er war einer der bedeutendsten Techniker und Ingenieure des Befestigungswesens seiner Zeit. Dell'Aglio arbeitete vorwiegend in Graz/Gradec, Klagenfurt/Celovec, Wien, Marburg an der Drau/Maribor, Pettau/Ptuj, Radkersburg/Radgona und Fürstenfeld.

Der spätere Kaiser Ferdinand I. hatte schon bei der Belagerung Wiens 1529 erfahren müssen, wie wichtig eine gute Stadtbefestigung in der Landesverteidigung war. Graz/Gradec war neben Wien das Zentrum in der Abwehr der osmanischen Expansion, daher lag es nahe, auch diese Stadt nach den modernsten fortifikatorischen Gesichtspunkten zu befestigen. 1545 übernahm dell'Aglio im Auftrag der Landschaft die Oberleitung bei der Neubefestigung der Stadt, deren Rückgrat die Festung auf dem Stadtberg bildete. Die bedeutendsten Überreste seiner Baumaßnahmen sind das Paulustor und die Stallbastei auf dem Schloßberg. Die auf dem heutigen Plateau erbaute Zisterne war dagegen ein Fehlschlag, sie musste zwei Jahrzehnte später umgebaut werden. Zur Bezahlung wurde das nachgelassene Vermögen des Baumeisters herangezogen. Das zivile Hauptwerk dell'Aglios ist das im Stil der oberitalienischen Renaissance ausgeführte Grazer Landhaus mit seinem eindrucksvollen Arkadenhof – ein Symbol des Machtbewusstseins der evangelischen Stände gegenüber dem katholischen Landesfürsten in der Burg.

(gs)

Karl II., Erzherzog
1540–1590

Von seinem Vater Kaiser Ferdinand I. erhielt Karl die Länder Steiermark, Kärnten, Krain/Kranjska, Görz/Gorizia/Gorica, also Innerösterreich, und errichtete in Graz/Gradec eine glanzvolle Residenz mit bedeutenden Künstlern und Musikern. Die steirische Linie der Habsburger geht auf ihn zurück. Er bereitete vor, was sein Sohn Ferdinand vollenden sollte: die vollständige Rekatholisierung der Stadt Graz/Gradec nach bayrischem Vorbild, nachdem in den 1560er Jahren die katholischen Klöster in Graz/Gradec durch das massenhafte Überlaufen der Bevölkerung zu den Evangelischen fast vor ihrer Auflösung standen.

Zu deren nachhaltiger Bekämpfung holte Karl die Jesuiten in die Stadt und gründete für sie die Universität, nachdem zuvor die päpstliche Nuntiatur eingerichtet worden war. Wegen der Finanzierung der Militärausgaben gegen die osmanische Expansion (Militärgrenze in Kroatien) verhielt sich Karl noch schwankend gegenüber den „Protestanten". Wechselweise machte er dem Adel oder den Städten Zugeständnisse und Einschränkungen ihrer Religionsfreiheit. Gegenreformatorisches Ziel des Landesherrn Karl war es, die Landschaft vollständig zu rekatholisieren und dadurch wieder uneingeschränkte Macht ausüben zu können. Kurz vor seinem Tod stand Karl vor der Erreichung seines ersten Etappenziels: Entmutigte und verängstigte evangelische Grazer Bürger begannen die Stadt zu verlassen.

(oh)

Erzherzog Karl II. (Bildausschnitt), Josef Allmer, Kopie 1891, Öl auf Leinwand, Alte Galerie am Landesmuseum Joanneum

Die Gesellschaft Jesu

Die dem Papst ergebenen Jesuiten, im Dienste des Absolutismus stehend, waren neben dem Index Librorum Prohibitorum und den päpstlichen Nuntiaturen wesentliches Instrument der Gegenreformation. Erzherzog Karl II. holte die in Predigt, Schulen und „Seelenführung" spezialisierten Ordensleute ins überwiegend „protestantisch" gewordene Graz/Gradec, wo sie zunächst gegen die evangelische Stiftsschule der Stände eine katholische Lateinschule, dann die Universität einrichteten. Karls Sohn Ferdinand wurde von Jesuiten erzogen und blieb zeitlebens unter deren geistigem Einfluss.

Index Librorum Prohibitorum

Die Mitte des 16. Jahrhunderts erstellte Liste von für Katholiken verbotenen Büchern war ein päpstliches Mittel zur Bekämpfung des Geistes. Neben dem Einsatz der Jesuiten bildete der Index eines der wesentlichen Instrumente der Gegenreformation. Zehntausend indizierte Bücher brannten in Graz/Gradec bei der Vertreibung der „Protestanten" im Jahr 1600. Der Index war bis 1965 fortgeführt und erweitert worden, um die Gedanken der Aufklärung, des Liberalismus, Sozialismus und Kommunismus nachhaltig zu bekämpfen.

Maria Anna, Erzherzogin
1551–1608

Die Hochzeit Karls II. mit Maria Anna, der Tochter des Herzogs Albrecht von Bayern, fand 1571 in Wien statt, während der Einzug des Paares feierlich in Graz/Gradec begangen wurde. Durch die Verbindung mit der erbitterten Feindin des „Protestantismus" verstärkte sich der Einfluss des katholischen Bayern und der Jesuiten auf die Grazer Regierungsgeschäfte entscheidend.

Karl begründete mit seiner Frau (und Nichte) die sich bis 1918 fortsetzende steirische Linie der Habsburger. Kaiser Ferdinands Teilung der Erblande in drei Linien hatte zur Folge, dass Graz/Gradec und Innsbruck bald zu Zentren der Gegenreformation wurden. Maria kam aus jenem Land, das bereits erfolgreich die Gegenreformation durchgeführt hatte, und nahm zusammen mit ihren Brüdern großen Einfluss auf die Rekatholisierungspolitik des Grazer Hofes, nach dem frühen Tod ihres Mannes in gleicher Weise auf die ihres Sohnes, des Gegenreformators Ferdinand, den sie mit ihrer fanatischen Unduldsamkeit zu seinen „Protestanten"-Verfolgungen aufstachelte.
(oh)

Erzherzogin Maria (Bildausschnitt), Josef Allmer, Kopie 1891, Öl auf Leinwand, Alte Galerie am Landesmuseum Joanneum

Hans von Schärffenberg, Landeshauptmann
1509–1582

Hans von Schärffenberg war steirischer Landeshauptmann, als sich die Evangelischen im Land auf dem Höhepunkt ihrer Macht sahen. Er unterzeichnete die „Grazer Pazifikation" von 1572, nicht aber die darauf aufbauende „Brucker Pazifikation" von 1578, die nur mehr mündlich vereinbart wurde. Schärffenberg war der letzte Landeshauptmann, der gleichzeitig als Grazer Schloßberghauptmann fungierte. Als Gegenleistung für die Übernahme der landesfürstlichen Schulden von über einer Million Gulden durch die Landstände sicherte Erzherzog Karl II. in der „Grazer Pazifikation" dem Adel samt seinen Angehörigen und Untertanen Gewissens- und Bekenntnisfreiheit zu, die landesfürstlichen Städte blieben davon ausgeschlossen.

Als Karl II. 1578 die Leitung der Militärgrenze südlich der Drau/Drava übernehmen musste und er bei deren Finanzierung ganz von den Landständen abhängig war, war er zu weiteren Zugeständnissen gezwungen. Nun erhielten mit der „Brucker Pazifikation" – der Landtag war wegen der Pest in Graz/Gradec dorthin ausgewichen – auch die Bürger der Städte und Märkte Religionsfreiheit. Diese Zusage wurde allerdings nur mündlich und nur für die Person Karls II. bindend abgegeben. Damit war allerdings der Zenit für die Evangelischen erreicht. Denn im Augsburger Religionsfrieden war ja festgelegt worden, dass der Landesfürst den Glauben seiner Untertanen bestimmen dürfe, und die katholische Seite begann auf einer Konferenz in München 1579 mit der Planung, wie diesem Reichsrecht wieder Geltung verschafft werden könnte.

(gs)

Landeshauptmann Scherfenberg (Bildausschnitt), anonym, Ende 16. Jh., Öl auf Leinwand, Alte Galerie am Landesmuseum Joanneum

David Chyträus, Schulorganisator
1531–1600

David Chyträus, eigentlich David Kochhafe, studierte zuerst in Tübingen und ging dann nach Wittenberg, wo er die Reformatoren Luther und Melanchton hörte. An der Rostocker Universität wurde er zum führenden Theologieprofessor und lutherischen Kirchenorganisator, durch seine Kirchenordnungen für Niederösterreich, Steiermark, Kärnten, Krain/Kranjska und Görz/Gorizia/Gorica nahm er starken Einfluss auf die Entwicklung des Luthertums in diesen Ländern. Chyträus, der schon 1569 eine Kirchenordnung für Niederösterreich entworfen hatte, arbeitete ab 1574 in Graz/Gradec eine Schulordnung für die Stiftsschule und eine Kirchenordnung als Richtschnur für die evangelische Gemeinde und für das mittlerweile eingerichtete evangelische Kirchenministerium aus.

Die Kirchenordnung, auch „Agende" genannt, umfasste drei Teile: die Lehre der Evangelischen, die Liturgie des Gottesdienstes und der Amtshandlungen sowie die Organisation der Kirche von der Ordination der Geistlichen bis zum Schulwesen und der Kirchenvisitation. Chyträus schuf mit der Schulordnung für die evangelische Landschaftsschule in Graz/Gradec einen Schultyp, der vom Elementarunterricht bis zu einer rhetorisch-juristischen Ausbildung führte.
Die Landschaftsschule sollte den Söhnen der landständischen Adeligen eine voruniversitäre Ausbildung im Land ermöglichen, danach war der Besuch einer deutschen evangelischen Universität vorgesehen.
(gs)

Bildnis David Chytraeus (Bildausschnitt), anonym, 16. Jh., Holzschnitt, Bildarchiv der Österreichischen Nationalbibliothek

Martin Brenner, Bischof
1548–1616

Martin Brenner, der zu einer Speerspitze der katholischen Gegenreformation in der Steiermark werden sollte, besuchte im damals evangelischen Ulm die Lateinschule und studierte danach an der Universität Dillingen Philosophie und Theologie. 1582 trat er in den Dienst des Erzbischofs von Salzburg ein, zwei Jahre später wurde er Bischof von Seckau. Die innerösterreichische Gegenreformation wurde vor allem von Brenner und dem Lavanter Bischof Georg Stobaeus von Palmburg getragen. Fungierte Palmburg als Planer, so hatte Brenner die Leitung der Religions-Reformationskommission über und trat somit als Vollstrecker der Gegenreformation im landesfürstlichen Auftrag auf.

Als erster Schritt wurde in Graz/Gradec der Kern des evangelischen Religionswesens – ihr Kirchen- und Schulzentrum – zerschlagen und die evangelischen Stadträte abgesetzt, danach suchten die meist vom Bischof persönlich geleiteten Reformationskommissionen die bedeutendsten evangelischen Zentren im Lande auf. Unter militärischem Druck, der Androhung der Auswanderung und rücksichtsloser Zerstörung von Kirchen und Friedhöfen wurden die evangelischen Landesbewohner rekatholisiert, als Abschluss waren im Hochsommer 1600 die Bürger von Graz/Gradec an der Reihe. Den Beinamen „Ketzerhammer" erhielt Brenner jedoch nicht von verfolgten „Protestanten", sondern von ihm bewundernden Katholiken. Sein späteres Wirken im Sinne des Konzils von Trient/Trento brachte ihm den Titel „Apostel der Steiermark" ein.
(gs)

Bischof Martin Brenner (Bildausschnitt), Giovanni Pietro de Pomis, 1612, Bronzemedaille, Münzkabinett am Landesmuseum Joanneum

„Katholisch machen"

Die Gegenreformation bedeutete die gewaltsame systematische Rekatholisierung von Mitte des 16. bis Mitte des 17. Jahrhunderts. Ausgangspunkt der Gegenreformation war das ius reformandi: wessen die Regierung, dessen die Religion (cuius regio, eius religio). Nach den Ländern Bayern und Salzburg war Graz/Gradec die erste mehrheitlich evangelische Stadt Österreichs, die – durch Ferdinand III./II. – wieder „katholisch gemacht" wurde. Hauptinstrumente der Gegenreformation waren der Index Librorum Prohibitorum, die Jesuiten und die Inquisition. Die in den habsburgischen Ländern siegreiche Gegenreformation verhalf dem konfessionellen Absolutismus zum Durchbruch.

Habsburgische Expansion

Habsburger stellten von 1438 bis 1806 den römisch- deutschen Kaiser. Ihr Ziel war die Vereinigung der Alpen- und Donauländer mit Böhmen, Mähren und Schlesien zu einem großen Reich. Die von Friedrich III. begonnene Heiratspolitik war Grundlage für die Expansion des Erzhauses Österreich, aber auch für jahrhundertelange Konflikte mit Frankreich. Die Habsburger waren Europas Vorkämpfer der katholischen Gegenreformation und des erblichen Gottesgnadentums im Rahmen des konfessionellen Absolutismus.

Ruprecht von Eggenberg, Militär
1545/1546–1611

Der Vetter von Johann Ulrich, dem Erbauer von Schloss Eggenberg, war einer der Großen der österreichischen Militärgeschichte und entstammte dem Ehrenhausener Zweig der Familie. Im Gegensatz zu den meisten steirischen Adeligen blieb er katholisch und engagierte sich auf spanischer Seite auf dem niederländischen Kriegsschauplatz. Hier war einer der bedeutendsten Feldherren der Epoche sein Lehrmeister: Alessandro Farnese, der für König Philipp/Felipe II. von Spanien 1585 Antwerpen zurückgewann und so die südlichen Niederlande für Habsburg sicherte.

Auch Ruprecht erwarb sich große militärische Verdienste durch spektakuläre Siege über die „Türken" an der Militärgrenze: 1593 schlug er sie bei Sissek/Sisak und eroberte die Festung Petrinia/Petrinja zurück (1595). Belohnt wurde er mit der Stellung eines Generaloberst-Feldzeugmeisters und dem Kommandantenposten von Raab/Győr. 1598 wurde die gesamte Familie in den erblichen Freiherrenstand erhoben – Auftakt zum glanzvollen Aufstieg eines ganzen Geschlechts.
(ub/gs)

Ruprecht von Eggenberg (Bildausschnitt), anonym, undatiert, Stich, Steiermärkisches Landesarchiv

Toleranz

Toleranz, als deutsches Wort erstmals von Luther verwendet, wurde vor der Aufklärung zumeist erst nach blutigen Auseinandersetzungen geübt, so Anfang des 4. Jahrhunderts nach den Christenverfolgungen Roms oder nach den Hugenottenkriegen im Toleranz-Edikt von Nantes Ende des 16. Jahrhunderts. Schon zuvor war das katholische Polen für kurze Zeit ein Hort der konfessionellen Toleranz, und in den Niederlanden konnte sich das Judentum emanzipieren. Für die Aufklärung, wie schon vorher für den Humanismus, ist Toleranz eines der wesentlichsten Prinzipien.

Das neue Wissen

Der Ausgang aus dem Mittelalter war in der Wissenschaft durch eine Hinwendung zur Erfahrung geprägt. Auch die Kopernikanische Wende geht auf konkrete Beobachtungen und Messungen zurück. Copernicus' Buch „Über die Umwälzungen der Himmelssphären" wurde zunächst von den bibeltreuen „Protestanten" und erst viel später von der katholischen Kirche bekämpft. Es blieb dann aber bis Anfang des 19. Jahrhunderts auf dem Index Librorum Prohibitorum.
– Der Astronom Johannes Kepler war als „Protestant" freien Geistes genug, die Erkenntnisse des Copernicus zu erneuern und weiterzudenken.

Johannes Kepler, Astronom
1571–1630

Copernicus und Galilei haben unser Weltbild revolutioniert – und Johannes Kepler. Auf der Suche nach der eigentlichen Ordnung des Kosmos, der „Weltharmonik", die den Menschen Gott in seinen Werken erkennen lassen sollte, musste Kepler wegen der Kämpfe um den „rechten" Glauben (und die politische Vormacht) ein rastloses Leben führen. 1594 wurde er als Lehrer der Mathematik an die Grazer evangelische Landschaftsschule im Paradeishof berufen, hatte hier aber auch andere Fächer zu unterrichten. In Keplers Zeit in Graz/Gradec fiel sein Jugendwerk „Mysterium Cosmographicum", das den Ständen der Steiermark gewidmet ist. Er glaubte darin den harmonischen Aufbau der Welt in der Kugel als symbolischem Abbild der Dreifaltigkeit und den fünf Platonischen Polyedern, die die Planetenabstände bestimmen, gefunden zu haben.

Als „Protestant" verwendete er in Graz/Gradec, sehr zum Missfallen seiner Dienstherren, bei seinen astrologischen Prognostika die katholische Kalenderreform Gregors XIII., in Linz wurde er von besonders rechtgläubigen „Protestanten" exkommuniziert, nachdem er zuvor 1598 vom Erzkatholiken und gegenreformatorischen Ferdinand zusammen mit allen „protestantischen" Geistlichen und Lehrern aus Graz/Gradec vertrieben worden war. Durch einen Gnadenakt des Erzherzogs durfte Kepler als Einziger nochmals nach Graz/Gradec zurückkehren. Endgültig wurde der größte aller Astronomen im Sommer 1600 aus Graz/Gradec vertrieben.
(oh)

Johannes Kepler (Bildausschnitt), anonym, undatiert, Stich, Steiermärkisches Landesarchiv

Herberstein, Adelsfamilie
ab 1290

Die auf einem Felsen in einer Schleife der Feistritz erbaute Burg trägt bis heute den Namen ihres Bauherrn, Herwig von Krottendorf. Otto von Hartberg kaufte sie 1290, und seit damals ist sie im Besitz der Familie, die sich ab 1320 Herberstein nennt.

Das Geschlecht begann bescheiden als kleiner Lehensträger und stieg im Laufe der Zeit zu einer der größten Grundherrschaften des Landes auf. In ihren vielen Zweigen besaßen die Herbersteiner Güter von Istrien bis Schlesien, die als Evangelische zur Auswanderung gezwungenen Angehörigen kamen in der Republik Venedig, in Polen und in Kursachsen zu Amt und Ansehen. Die Familie stellte unter anderem fünf Landeshauptleute des Herzogtums Steiermark, sechs Bischöfe, einen Großmeister des Johanniterordens, einen Rektor des Jesuitenkollegs, einen Staatsminister und viele Offiziere, Diplomaten, Beamte und Hofleute. Berühmtester Sohn des Geschlechts ist der 1486 geborene Siegmund von Herberstein, ein Diplomat, der im Dienst von Kaisern und Königen ganz Europa bereiste und dabei zweimal Russland besuchte. Mit seinen „Kommentaren zur russischen Geschichte" erschloss er als Erster das Zarenreich der wissenschaftlichen Erforschung und machte damit den Namen Herberstein zu einem Begriff in Europa.
(gs)

Leopold von Herberstein (Bildausschnitt), Giovanni Pietro de Pomis, 1599, Öl auf Leinwand, Alte Galerie am Landesmuseum Joanneum

1600–1740

Landschaft
Stände
Gegenreformation
Innerösterreich
Böhmischer Aufstand
Dreißigjähriger Krieg
Verfassung
Absolutismus
Residenz
Der triumphierende Glaube
Reformation
Bürgerschaft
Ungarischer Magnatenaufstand
Osmanische Expansion
„Türkenkriege"
Ketzerei
Toleranz
Aufklärung
Humanismus
Habsburgische Expansion
Aufstand
Merkantilismus

Siegmund Friedrich von Herberstein, Landeshauptmann
1549–1620

Siegmund Friedrich stammte aus der Lankowitzer Linie des Geschlechts. Er war Kämmerer und Geheimer Rat sowohl Erzherzog Karls II. als auch Kaiser Ferdinands II. und bekleidete als letzter Repräsentant evangelischen Glaubens das Amt eines Landeshauptmannes der Steiermark.

Schon als Verordneter der Landschaft und als Landesverweser trat Herberstein energisch für die Rechte der evangelischen Stände ein und versuchte den vermehrt am Hofe in Graz/Gradec auftretenden katholischen Räten entgegenzuwirken. 1594 wurde er trotz seines „falschen" Glaubens zum Landeshauptmann ernannt. Doch die Gegenreformation und die Ausweisung seiner nicht adeligen Glaubensgenossen konnte auch er nicht verhindern. Der evangelische Adel wähnte sich sicher, bis der Sieg Kaiser Ferdinands II. am Weißen Berg/Bílá hora 1620 diese Illusion zerstörte. Am 1. August 1628 verfügte der Kaiser, dass alle evangelischen Adeligen innerhalb eines Jahres Innerösterreich zu verlassen hätten. Viele Adelsfamilien hatten sich bereits zuvor in einen evangelischen und einen katholischen Zweig aufgespaltet, sodass die Besitztümer meist nicht in fremde Hände fielen.

Siegmund Friedrich von Herberstein war schon davor gestorben, seine hoch betagte Witwe zog das Exil einer Zwangsbekehrung vor.

(gs)

Siegmund Friedrich von Herberstein (Bildausschnitt), anonym, undatiert, Stich, Steiermärkisches Landesarchiv

Ferdinand III./II., Kaiser
1578–1637

Er war eine Schlüsselfigur der Gegenreformation, vertrieb restlos alles Evangelische aus Graz/Gradec, war wesentlicher Auslöser des Dreißigjährigen Krieges, wollte mit seinem absolutistischen Restitutionsedikt die gewaltsame Rekatholisierung einer Millionenbevölkerung kaiserlich anordnen und ließ seinen Feldherrn Wallenstein/Valdštejna ermorden. Er einigte die österreichischen Länder und bestimmte den Kurs des habsburgischen Österreich für das nächste Jahrzehnt: Ferdinand, Erzherzog von Österreich, späterer König von Böhmen und Ungarn, Kaiser des Heiligen Römischen Reiches.

Als ältester Sohn Erzherzog Karls von Innerösterreich und Annas von Bayern in Graz/Gradec geboren, wurde Ferdinand von Jesuiten in Ingolstadt erzogen, sprach Italienisch, Französisch und Spanisch. Nach einer Pilgerfahrt nach Rom/Roma und Loreto begann er die Evangelischen zu verfolgen. Er blieb zeitlebens seiner fanatisch intoleranten Mutter und seinen Lehrern, den Jesuiten, hörig, was ihn oft in Widerstreit zwischen seinen persönlichen religiösen Zielen und der pragmatischen Staatsraison brachte. Seine kaiserliche Politik, ab 1619, war der Versuch, ein katholisch-deutsches Reich zu schaffen, was den Keim des Scheiterns in sich trug.

Für Graz/Gradec bedeutete die „Protestanten"-Vertreibung Ferdinands 1600 einen tiefen sozialen und wirtschaftlichen Einschnitt, die Auflassung der Habsburgerresidenz zwanzig Jahre später einen empfindlichen Bedeutungsverlust. De Pomis' Mausoleum mit der manieristischen Ovalkuppel erinnert an ihn.
(oh)

Erzherzog Ferdinand III. von Steiermark (Bildausschnitt), Giovanni Pietro de Pomis, 1614, Öl auf Leinwand, Schloss Herberstein

Böhmischer Aufstand

Der Zweite Prager Fenstersturz kaiserlicher Räte 1618 durch oppositionelle Adelige war Auftakt zum Böhmischen Aufstand und zum Dreißigjährigen Krieg, einem Religionskrieg, der auch den Verfassungs-konflikt zwischen den Ständen und der Krone widerspiegelte. Die Gegenreformation in den habsburgischen Erblanden hatte die böhmischen, meist „protestantischen" Stände zu einem Aufstand gegen den absolutistischen Habsburger provoziert. Die Stände wollten den späteren Kaiser Ferdinand II. nicht als König von Böhmen anerkennen. Mit der Niederlage am Weißen Berg/Bílá hora 1620 war das Schicksal der Aufständischen besiegelt, 43 von ihnen wurden in Prag/Praha hingerichtet. Böhmen wurde konfessionell und politisch gleichgeschaltet und konnte seine Souveränität erst mit dem Ende des Ersten Weltkrieges wiedergewinnen.

Dreißigjähriger Krieg

Der Dreißigjährige Krieg war ein europaweiter verheerender Kampf zwischen „protestantischer" Reformation und katholischer Gegenreformation, zwischen ständischer Verfassung und absolutistischer Monarchie. Er endete, bei grundsätzlicher Erhaltung des territorialen Status quo, mit der Vormachtstellung Frankreichs und der Bestätigung des „Religionsfriedens" von Augsburg. Ausgelöst wurde er durch die konfessionelle und konstitutionelle Auseinandersetzung Ferdinands II. mit dem „protestantischen" böhmischen Adel. Graz/Gradec war, im Gegensatz zu Ober- und Niederösterreich, nur indirekt – zum Beispiel durch Rekrutierungen – vom Dreißigjährigen Krieg betroffen.

Giovanni Pietro de Pomis, Künstler
1569/1570–1633

In seiner kurzen Glanzzeit als innerösterreichische Residenz erlebte Graz/Gradec Ende des 16. Jahrhunderts den Zustrom zumeist italienischer Neubürger, im Gegensatz zu vielen Einheimischen allesamt glaubenstreue Untertanen der katholischen Habsburger. Darunter befanden sich auch Künstler, die für Repräsentationsaufgaben unerlässlich waren. Unter ihnen galt de Pomis als der wichtigste. In Venedig/Venezia ausgebildet und vom Innsbrucker Hof empfohlen, betätigte er sich als Maler, Architekt und Medailleur, ein Universalkünstler der späten Renaissance.

Zu seinen Auftraggebern zählte auch Johann Ulrich von Eggenberg, der mächtigste Günstling Kaiser Ferdinands II. Für ihn wurde nach den Plänen des Künstlers der alte Stammsitz des Hauses zu einer fürstlichen Residenz ausgebaut. Auch die vielen in Graz/Gradec präsenten geistlichen Orden, Jesuiten, Kapuziner und Klarissen, verlangten nach Bildern: Auf großen, figurenreichen Altargemälden verherrlichte der Maler Idee und Ziel der Gegenreformation. Den Großteil seines Werkes beherbergt heute das Landesmuseum Joanneum.
(ub)

Selbstbildnis des Giovanni Pietro de Pomis, (Bildausschnitt), Kopie 17. Jh., Öl auf Leinwand, Alte Galerie am Landesmuseum Joanneum

Der triumphierende Glaube

Barock bezeichnet Stil und historische Epoche zugleich. Die geistigen und sozialen Voraussetzungen des Sinne bewegenden, überwältigenden Barock sind die höfische Gesellschaft des entfalteten Absolutismus sowie die siegreiche Gegenreformation. Das Gesamtkunstwerk Barock ist Selbstverherrlichung und Selbstüberredung des Herrschers sowie des domestizierten, nicht mehr rebellischen Adels und der katholischen Kirche, die sich aller repräsentativen Mittel der Theatralik, Illusion und der Irritation zwischen „Schein" und „Sein" bedienen.
Das „Heldenzeitalter"und der es feiernde Barock sind in Österreich lange einziger Maßstab politischer und künstlerischer Urteile geblieben. Karl Kraus dazu: „Unser täglich Barock gib uns heute."

Absolutismus

Absolute Monarchen regierten zeitlich unbegrenzt, losgelöst von Zwischengewalten und Verfassung und stellten Erbprinzip gegen Wahlprinzip und ständische Kontrolle. Der Absolutismus, zumeist mehr angestrebt als vollständig verwirklicht, bediente sich unter anderem der Gegenreformation, in der die zumeist „protestantischen" Stände politisch entmündigt wurden, zu seiner Durchsetzung. Der konfessionelle Absolutismus des „österreichischen Heldenzeitalters" war der Idee des unteilbaren und unauflöslichen Gottesgnadentums verpflichtet, das an nichts Irdisches gebunden war. Das „Erzhaus der Christenheit" setzte folgenreich die Idee der Hegemonie gegen jene des Gleichgewichts der Kräfte durch.

Johann Ulrich von Eggenberg, Landeshauptmann
1568/1569–1634

Der Urenkel Balthasars war einer der wichtigsten politischen Akteure im Zeitalter der Glaubenskämpfe. Der Grazer Patriziersohn wuchs als „Protestant" auf und erhielt am Tübinger Stift eine profunde humanistische Ausbildung. Sein Instinkt für den unsteten Gang der Machtverhältnisse ließ ihn 1595 die Fronten wechseln. In Graz/Gradec regierte ein erklärter Feind der Reformation: Erzherzog Ferdinand, Regent von Innerösterreich und ab 1619 römisch-deutscher Kaiser. Ihm stand Johann Ulrich, nunmehr Katholik, als Berater und persönlicher Freund lebenslang zur Seite.

Politischer Sinn und diplomatisches Talent verhalfen Johann Ulrich zu enormer Macht und einer Fülle von kaiserlichen Gunstbeweisen. 1623 wurde er Reichsfürst, 1625 Gubernator von Innerösterreich, 1628 gewann er die erbliche Herzogswürde.
Das alte gotische Anwesen wurde nun zu einer großartigen Residenz ausgebaut, Resultat seiner Reisen nach Italien und Spanien: Schloss Eggenberg. Jedoch erlebte er dessen Fertigstellung nicht mehr.
(ub)

Johann Ulrich von Eggenberg (Bildausschnitt), anonym, undatiert, Stich, Steiermärkisches Landesarchiv

Paul Guldin, Mathematiker
1577–1643

Habakuk, später Paul Guldin studierte Naturwissenschaften in Rom/Roma. Zweimal war er Professor an der Jesuitenuniversität in Graz/Gradec, zwei Jahre vor Ausbruch des Dreißigjährigen Krieges und dann ab 1637 bis zu seinem Tod. Er arbeitete mit Johannes Kepler zusammen und veröffentlichte 1640 sein Hauptwerk über die nach ihm benannte „Guldinische Regel".

Erzherzog Karl II. hatte 1572 die Jesuiten nach Graz/Gradec gerufen, um unter anderem dem evangelischen Schulwesen etwas entgegensetzen zu können. Das ein Jahr später gegründete Jesuitengymnasium lockte zwar mit Schulgeldfreiheit, jedoch besuchten im ersten Jahrzehnt praktisch keine Grazer diese Schule, sondern fast nur Schüler italienischer und südslawischer Herkunft. Eine ähnliche Situation ergab sich an der 1586 eröffneten Jesuitenuniversität, bis 1620 stammte nur ein Drittel ihrer Studenten aus der Steiermark. Paul Guldin war der erste Grazer Professor, der seinen Namen bleibend in die Annalen der Wissenschaftsgeschichte eintrug. Die „Guldinische Regel" (Regeln zur Berechnung von Oberfläche und Volumen eines Rotationskörpers) ist das alleinige Thema von Guldins Hauptwerk „Centrobaryca – De centro gravitatis" (vier Bücher, Wien 1635–1641). Ob der Jesuitenpater auch der Architekt der Admonterbastei war, wie Johannes Macher anno 1700 vermeinte, ist heute nicht mehr überprüfbar.

(gs)

Paul Habakuk Guldin oder Paulus Guldin (Bildausschnitt), anonym, um 1650, Öl auf Leinwand, Karl-Franzens-Universität Graz/Gradec, Institut für Mathematik

Unbekannte Waise
17. Jahrhundert

Krieg, Teuerung und Krankheiten ließen in der ersten Hälfte des 17. Jahrhunderts weite Bevölkerungskreise verarmen. Die große Zahl verwaister und verwahrloster Kinder wurde zunehmend zu einem Problem. Auf Initiative von Pater Gregorius Zappel von den Barmherzigen Brüdern wurde in den 1640er Jahren ein provisorisches Waisenhaus eingerichtet. 1657 konnte mit dem Bau eines eigenen Hauses in der Nähe der Mariahilferkirche begonnen werden, dieses sogenannte „ältere" Waisenhaus unterstand der innerösterreichischen Regierung.

1679 stiftete Mathias von Schäffenburg in der heutigen Grenadiergasse im Bezirk Gries das „jüngere" Waisenhaus. Es ersetzte das baufällig gewordene alte Haus und wurde durch weitere Stiftungen vergrößert. Letztlich fanden 90 Knaben und 30 Mädchen Platz. 1766 mussten die Waisen in das ehemalige Palais der Grafen von Wagensberg und Trauttmansdorff in der Färbergasse übersiedeln, da die Stadt das Gebäude in eine Kaserne für die Grenadiere umwandelte – die Waisenhauskaserne. Anfang des 19. Jahrhunderts entstand hier durch den Bau der Kleinen und der Großen Dominikanerkaserne ein eigenes Kasernenviertel. Unter Kaiser Joseph II. wurden die Kinder, finanziert durch das in einer Stiftung angelegte Vermögen der aufgehobenen Waisenhäuser, auf Kostplätzen auf dem Land untergebracht.
(fl/gs)

Hans Friz, Gastwirt
unbekannt –1672 oder um 1687

Hans Friz ließ sich 1643 als Schneidermeister in Graz/Gradec nieder, nebenher betrieb er, wie zahlreiche andere Bürger auch, eine Gastwirtschaft, zuletzt in der Schmiedgasse, wo er Wirt im „Güldenen Hasen" war. Der Gastwirt stiftete um 1660 auf seinem Besitz am Kroisbach eine hölzerne Kapelle, die sehr bald zu einem viel besuchten Wallfahrtsort wurde – die heutige Mariagrüner Kirche.

Friz war Viertelmeister in der Schmiedgasse und wurde zum Vorkämpfer der bürgerlichen Freiheiten im 17. Jahrhundert. Er überbrachte als einer der Wortführer der Bürgergemeinde dem 1660 in Graz/Gradec weilenden Kaiser Leopold I. eine Bittschrift, worin sich die Bürgerschaft über den Magistrat nicht nur wegen schlechter Verwaltung und erhöhter Abgaben als Folge des Dreißigjährigen Krieges beschwerte, sondern auch selbst wieder Einfluss auf die Stadtgeschäfte ausüben wollte. Sie verlangte die Wiedereinsetzung des Äußeren Rates, der im Verlauf der „Protestanten"-Verfolgungen seine Existenz eingebüßt hatte. Die Bürgerschaft erreichte schließlich die Einsetzung einer Kommission zur Untersuchung der Zustände. Dabei kam es zum Austausch verbaler Grobheiten, Friz wurde vorübergehend verhaftet, was wiederum zu einem Aufruhr unter den Bürgern führte. Zwar wurde in der Folge der Wunsch bezüglich des Äußeren Rates vom kaiserlichen Hof abgeschlagen, die Männer um Friz erreichten aber, dass ein bürgerlicher Ausschuss bis in die zwanziger Jahre des 18. Jahrhunderts die Kontrolle über die Finanzverwaltung des Magistrates erhielt.

(gs)

Hans Erasmus von Tattenbach, Großgrundbesitzer
1631–1671

Tattenbach besaß mehrere Herrschaften in der Untersteiermark (heute als Štajerska Teil Sloweniens). Bereits in jungen Jahren wurde er Statthaltereirat der Steiermark, was seinen Ehrgeiz aber nicht befriedigte. Er beteiligte sich an der ungarischen Magnatenverschwörung, die 1670 aufgedeckt wurde und für die Anführer mit dem Tode endete. Tattenbach wurde am 1. Dezember 1671 im Grazer Rathaus enthauptet.

Ihm war für die Teilnahme am Aufstand mehrerer ungarischer Hochadeliger gegen Kaiser Leopold I. angeblich die Herrschaft über die ganze Steiermark oder zumindest die Grafschaft Cilli/Celje versprochen worden. Er sollte Pettau/Ptuj, Marburg an der Drau/Maribor, Radkersburg/Radgona und Graz/Gradec einnehmen. Letzteres wäre ein leichtes Opfer gewesen, da die meisten seiner Geschütze bei der Belagerung von Kanizsa vernichtet worden waren.

Gerüchte von der Verschwörung kamen 1670 auch der Grazer Regierung zu Ohren, die Tattenbach mitten in einer Regierungssitzung verhaften ließ. Er wurde in der Schloßbergfestung eingekerkert und in einem Hochverratsprozess zum Tode verurteilt, sein Vermögen wurde eingezogen. Die Niederschlagung des Aufstandes der sogenannten „Malkontenten" und der nachfolgende Versuch, auch in Ungarn Absolutismus und Gegenreformation durchzusetzen, führten direkt zur nächsten ungarischen Widerstandsbewegung, den „Kuruzzen".
(gs)

Portrait und Hinrichtung des Erasmus von Tattenbach, anonym, 1671, Stich, Steiermärkisches Landesarchiv

Ungarischer Magnatenaufstand

Leopold I. hatte die Reformation Ungarns und dessen libertäre Verfassung scharf bekämpft, um sich dort das patrimoniale Erbrecht zu sichern. Dies bewog ungarische Magnaten (Hochadelige), sich gegen den Kaiser zu verbünden. Habsburgische Besitzungen in Ungarn waren durch diese Verschwörung ebenso bedroht wie die Steiermark. Es war geplant, mit Hilfe der Osmanen unter anderem Marburg an der Drau/Maribor und Graz/Gradec einzunehmen. Die Lage war so gespannt, dass die Regierung den Grazern befahl, sich für ein halbes Jahr mit Lebensmittelvorräten einzudecken. Der Aufstand wurde jedoch im Keim erstickt, die Magnaten zum Tode verurteilt und hingerichtet. Als Letzter starb Hans Erasmus von Tattenbach 1671 in Graz/Gradec unter dem Schwert des Scharfrichters.

Osmanische Expansion

Gegen die Expansion des Osmanischen Reiches gerichtete „Türkenkriege" wurden von Beginn des 16. bis Ende des 18. Jahrhunderts geführt. Solange Ungarn osmanisch war, gab es auch für Graz/Gradec eine reale Bedrohung durch osmanische Scharen. Das allmähliche Zurückdrängen der „Türken" (zweite Belagerung Wiens 1683, zweite Schlacht bei Mohács 1687) führte zur habsburgischen Expansion nach Ungarn und auf den Balkan. Österreich konnte so zur zweiten Großmacht neben Frankreich aufsteigen. Mit Persien beschäftigt, spielte das Osmanische Reich im Dreißigjährigen Krieg keine Rolle.

Martha Messner, Bettlerin
unbekannt – 1672

1671/72 wurde in Graz/Gradec eine ganze Bettlerinnengruppe der Hexerei angeklagt. Betroffen waren die greise Martha Messner aus Lankowitz, ihre Töchter Maria und Christina, ihre Enkelinnen Ursula und die geistig behinderte Christina sowie ein 13-jähriges Mädchen namens Ursula Draxl. Nur das behinderte Mädchen wurde freigesprochen, ihre Schwester und Ursula Draxl, denen die Adern geöffnet wurden, konnten durch die Interventionen eines Jesuiten knapp dem Tod entrinnen. In großem Stil setzten die Hexenverfolgungen in der Steiermark 1580 ein, ihren Höhepunkt erreichten sie zwischen 1670 und 1679. Neben dem „Hexenhammer" des Inquisitors Heinrich Institoris aus dem Jahr 1487 wurde das Lehrbuch „Untersuchungen von Zauberern", 1599 von dem in Graz/Gradec lehrenden Jesuiten Martin Anton Delrio verfasst, zum Standardwerk.

Besondere Zielgruppen der Verfolgung waren die Randgruppen der Gesellschaft, vor allem Wahrsager, Bettler, Landstreicher und andere Fahrende. Nach dem Ende des Dreißigjährigen Krieges war die Zahl der Bettler unter anderem durch viele entlassene Soldaten stark angestiegen, was sich auch in vermehrter Kleinkriminalität niederschlug, vor allem Kirchen waren betroffen. Da Hexerei, so wie Ketzerei und Majestätsbeleidigung, als besonderes Verbrechen betrachtet wurde, für das herkömmliche Rechtsvorschriften nur beschränkt galten, und zudem Menschen aus der Unterschicht keine Fürsprecher hatten, boten sich „Hexen" als Schuldige geradezu an.

(gs)

Leopold I., Kaiser
1640–1705

Von allen Kaisern des Heiligen Römischen Reichs war er der am längsten dienende. Der in seinem ersten „Türkenkrieg" siegreiche Generalleutnant Montecuccoli sah als nicht geringe Aufgaben Leopolds I., „den Staat im Kriege zu vergrößern, im Frieden zu kräftigen, die Religion wieder zu säubern und die Nachfolge zu sichern". Den Staat zu vergrößern suchte der große Gegenspieler des Sonnenkönigs Ludwig/Louis XIV. durch eine Reihe von Kriegen gegen Frankreich. Nach erfolgreicher Entsetzung Wiens 1683 bedeckte er mit seinen Streitkräften fast den ganzen osmanischen Teil Ungarns und unterdrückte die ungarische Reformation. Gegen diese Religionssäuberung gab es Aufstände. Erst im Frieden von Karlowitz/Sremski Karlovci 1699 wurde Leopolds I. Oberhoheit in Ungarn anerkannt. Die Kräftigung des Staates verfolgte er als ein absoluter konfessioneller Monarch, nur dem Naturrecht des Gemeinwohls verpflichtet. Der von Leopold ausgelöste, von Prinz Eugen geführte Spanische Erbfolgekrieg sollte auch dort die habsburgische Nachfolge sichern.

Mit Graz/Gradec direkt verbunden ist Leopold I. durch seine legendäre Hochzeit im Schloss Eggenberg sowie durch die für den milden Herrscher überraschenden Todesurteile (unter anderem für Tattenbach 1671) nach dem ungarischen Magnatenaufstand.

Der Grazer Fischer von Erlach war Architekturlehrer des jungen Thronfolgers Joseph und plante für den komponierenden Kaiser, der Wien zur kulturellen Metropole machte, unter anderem Schloss Schönbrunn.
(oh)

Bildnis Leopold I., römisch-deutscher Kaiser (Bildausschnitt), Simon Grimm, 2. H. 17. Jh., Stich, Bildarchiv der Österreichischen Nationalbibliothek

IUDAS
der Ertz Shelm

Abraham a Sancta Clara, Prediger
1644–1709

Johann Ulrich Megerle (Pseudonyme: Abraham a Sancta Clara, Gautentius Hilarion, Hilarius von Freudberg, Theophilus Mariophilus) studierte zunächst am Jesuitenkolleg in Ingolstadt und dann bei den Benediktinern in Salzburg. 1662 trat er in den Augustiner-Barfüßer-Orden ein, 1677 wurde er zum kaiserlichen Hofprediger ernannt, 1690 zum Ordensprovinzial. 1680 hielt Abraham a Sancta Clara vor der Dreifaltigkeitssäule auf dem Karmeliterplatz seine erste Predigt in Graz/Gradec. 1682 wurde er in das Augustinerkloster am Münzgraben berufen, wo er sieben Jahre blieb, zuletzt als Prior. Seine 1683 verfasste und publizierte Predigt „Auff, auff ihr Christen", in der er von Graz/Gradec aus zum Kampf gegen die „Türken" aufrief, diente Friedrich Schiller als Vorlage für die Kapuzinerpredigt in „Wallensteins Lager". Aus demselben Jahr liegt auch eine weit ausholende und pointierte Kanzelrede, gedruckt bei Widmanstetter in Graz/Gradec vor, die er am Festtag des Ordensgründers im Zisterzienserstift Rein hielt.

In effektvollen Mahnreden, wie auch in seinen Werken, geißelte er die Laster undSchwächen seiner Zeit. In seinen Werken spiegelt sich das bewegende Geschehen seiner Zeit wider, die vor allem vom „Türken"-Jahr 1683 und der Pest geprägt war. Wir haben Zahlen aus dem Jahr 1680, nach denen mehr als ein Viertel der Grazer Bevölkerung von der Krankheit ergriffen und ein gutes Fünftel daran gestorben war.
(gs)

Abraham a Sancta Clara (Bildausschnitt), anonym, 2. H. 17. Jh., Öl auf Leinwand, Dominikanerkonvent Graz/Gradec

Toleranz

„Tollerantz" wurde in deutscher Sprache erstmals von Luther verwendet. Abraham a Sancta Clara, der dem Volk „auf's Maul" schaute und diesem nach dem Mund redete, kann als Negativfolie des Toleranzgedankens angesehen werden: Zur Pestzeit Ende des 17. Jahrhunderts, in der alle Evangelischen des Landes bereits verwiesen waren und Juden sich nicht in Graz/Gradec ansiedeln durften, waren seine Erzfeinde Moslems, Juden und „Protestanten". Für die Aufklärung, wie schon vorher für den Humanismus, ist Toleranz eines der wesentlichsten Prinzipien. In der Steiermark konnten die Toleranzideen Josephs II. jahrzehntelang nicht umgesetzt werden.

Habsburgische Expansion

Habsburger stellten von 1438 bis 1806 den römisch-deutschen Kaiser. Ihr Ziel war die Vereinigung der Alpen- und Donauländer mit Böhmen, Mähren und Schlesien zu einem großen Reich. Die Habsburger waren Europas Vorkämpfer der katholischen Gegenreformation und des erblichen Gottesgnadentums im Rahmen des konfessionellen Absolutismus. Nach dem Ende des Dreißigjährigen Krieges, ein Krieg auch gegen den konfessionellen Absolutismus habsburgischer Prägung, wurde der Antagonismus zwischen den Großmächten Österreich und Frankreich noch verstärkt. Er kulminierte zu Beginn des 18. Jahrhunderts im Spanischen Erbfolgekrieg, der die Vormacht Frankreichs brach. Karl VI. regierte danach von Oostende bis Serbien, von Sizilien bis Schlesien.

Rebellischer Handwerker
18. Jahrhundert

Im Sommer 1713 brach in Graz/Gradec der große Aufstand der Schustergesellen los, nachdem die Regierung im Jahr zuvor für ganz Österreich festgelegt hatte, dass die Gesellen nur dann eine neue Arbeit bekommen konnten, wenn sie bei der Zunft die vorgeschriebenen Kundschaftszettel vorlegten. Die „Kundschaft", ein Zeugnis seines Wohlverhaltens, erhielt der Geselle, wenn er seinen Arbeitgeber verließ, um sich wieder auf Wanderschaft zu begeben. Mit dieser Maßnahme zielte man auf eine bessere Kontrolle und Disziplinierung der reisenden Handwerker ab, da manche von ihnen „den Adel und die höheren Stände mit Betteln überlaufen und den Armen das Almosen entziehen", wie eine zeitgenössische Beschwerde verrät.

In Graz/Gradec verweigerten über 100 Gesellen und Lehrlinge die Annahme der Kundschaftszettel, worauf man sie im Rathaus festsetzte, zwölf der Rebellen auspeitschte und ins Gefängnis warf. Daraufhin versammelten sich die Sympathisanten der Handwerker auf dem Hauptplatz und versuchten, das Rathaus zu stürmen. Die Regierung verhängte den Belagerungszustand über die Stadt und rief die Schloßbergbesatzung zu Hilfe. Zusammenkünfte in Wirtshäusern wurden verboten, die Gassen während der Nacht beleuchtet, und Patrouillen verhinderten weitere Zusammenrottungen. Am nächsten Tag gaben die Schuhknechte schließlich wegen der Androhung der ewigen Verweisung nach, und die Lage beruhigte sich langsam wieder.

(gs)

Franz Ignaz Flurer, Maler
1688–1742

In Augsburg ausgebildet, wanderte der Maler wegen der schlechten Auftragslage in seiner Heimatstadt in die Steiermark aus. In Graz/Gradec gewann er um 1720 die Gunst von Ignaz Maria von Attems, der einem der bedeutendsten Adelsgeschlechter der Region angehörte. Dessen ausgedehnter Grundbesitz mit zahlreichen Anwesen vor allem in der Untersteiermark/Štajerska sicherte dem Künstler ideale Arbeitsbedingungen.

Fülle und Pathos des italienischen Hochbarock, wie sie bereits Jahrzehnte zuvor entwickelt wurden, faszinierten auch Flurer. Dekorative Scheinarchitekturen sind besonderes Kennzeichen seiner Freskomalerei. Dies bezeugen die Deckenbilder in den Schlössern von Windischfeistritz/Slovenska Bistrica und Rann/Brežice.

So gelangte der Künstler zu Ansehen und Wohlstand. 1733 erwarb er ein großes Haus. Zu seinen Freunden zählte auch der Bildhauer Philipp Jakob Straub, führender Vertreter der spätbarocken Skulptur in der Steiermark. (ub)

Selbstbildnis des Franz Ignaz Flurer (Bildausschnitt), undatiert, Öl auf Eisenblech, Alte Galerie am Landesmuseum Joanneum

Karl VI., Kaiser
1685–1740

Vorgesehen für den spanischen Thron, wollte Karl VI./Carlos III. – ohne Erfolg – das globale Reich Karls V./Carlos I., „in dem die Sonne nicht unterging", wiedererrichten. Aber auch ohne das im Erbfolgekrieg verlorene Spanien mit seinen überseeischen Kolonien hatte die Habsburgermonarchie zu seiner Zeit letztlich die größte Ausdehnung.

Gegen die frühaufklärerischen Gedanken seines verstorbenen Bruders Joseph I. setzte er die alte Barockfrömmigkeit. Unsterblich wird deshalb sein Ruhm bleiben als Stifter der vom Grazer Fischer von Erlach entworfenen unvergleichlichen Karlskirche, die das Herrscherlob mit der Hagiografie des Pestheiligen Karl Borromäus verquickt. In bewusstem Rückgriff auf Bauformen der Antike, des jüdischen Kulturkreises und von Byzanz kündet die barocke Gegenwart der dominierenden Tambourkuppel von der Größe der katholischen Weltmacht Österreich, so wie die hagiographischen Säulen, geziert mit spanischer Krone und Reichsadler, gleichermaßen Beständigkeit und Stärke, die angestrebten Tugenden des Herrschers repräsentieren. Die politische Wirklichkeit wich davon deutlich ab. Konsequenz und Übersicht in der Politik scheinen dem Musik liebenden Herrscher der versäumten Gelegenheiten gefehlt zu haben, sodass Karls Tochter Maria Theresia, die seine Pragmatische Sanktion erst kriegerisch durchsetzen musste, im Rückblick auf ihren Amtsantritt klagte: „Ich fand mich ohne Geld, ohne Credit, ohne Armee […]."

Der kunstsinnige Karl VI. war der letzte Kaiser, dem die steirischen Stände in Graz/Gradec 1728 eine Erbhuldigung erbrachten. Sie hatten auch der Pragmatischen Sanktion zugestimmt, weil sie sich dadurch Freiheitsgarantien erhofft hatten. (oh)

Kaiser Karl VI. im Harnisch (Bildausschnitt), Jacob van Schuppen, Werkstatt, undatiert, Öl auf Leinwand,
Alte Galerie am Landesmuseum Joanneum

Unbekannte Arbeitshäuslerin
18. Jahrhundert

Die Idee der Arbeitshäuser entstand im 16. Jahrhundert in England und breitete sich schnell vor allem in den evangelisch dominierten Gegenden Europas aus. Die Reformation Luthers und Calvins hatte ein neues theologisches Verständnis von Arbeit gebracht, das neu entstehende Manufakturwesen brauchte dringend Arbeitskräfte; so lag es nahe, „unproduktive" Menschen wie Bettler, Vagabunden, Dirnen, Schuldner, manchmal aber auch Waisenkinder und geistig Behinderte durch den „göttlichen Wert" der Arbeit in „produktive" Untertanen zu verwandeln. Auch die Auffassung von Strafe hatte sich gewandelt. Das Mittelalter hatte noch keine Freiheitsstrafen gekannt, erst in der frühen Neuzeit und dann vor allem mit der Aufklärung begann diese Idee Platz zu greifen.

In Graz/Gradec ließ Kaiser Karl VI. 1732 neben dem Armenhaus in der Murvorstadt ein Zucht- und Arbeitshaus errichten, 1761 folgte ein weiteres in Geidorf. Als 1783 der Schloßberg in zivile Hände übergegangen war, adaptierte man dort das Zeughaus und die Kaserne zu einem Zuchthaus für etwa 200 Sträflinge. Nach der Einführung des Strafgesetzes von 1803 wurde die Karlau, ein von Erzherzog Karl II. Ende des 16. Jahrhunderts erbautes Jagdschloss, zu einem Provinzialgefangenenhaus für Männer und Frauen bestimmt. Schon zuvor hatte das Gebäude als Arbeitshaus Verwendung gefunden; 1809, vor der Sprengung der Festung, wurden die Gefangenen vom Schloßberg endgültig in die Karlau verlegt, die auch heute noch eine große Strafanstalt beherbergt.

(gs)

1740 –1809

Aufklärung
Humanismus
Der reformierte Staat
Reform
Absolutismus
Bürgerschaft
Reformation
Aufgeklärter Absolutismus
Revolution
Verfassung
Josephinismus
Freimaurer
Toleranz
Französische Revolution
Innerösterreich
Napoleonische Kriege
Jakobinismus

Maria Theresia, Kaiserin
1717–1780

Hugo von Hofmannsthal stellte sie in die Nähe des Augustus, der „ein Baumeister des Lebendigen war wie sie. Freilich ein Augustus, bei dem kein Vergil und kein Livius steht". Und aus Anlass ihres Todes schrieb der preußische König Friedrich II. an seinen Minister: „Maria Theresia ist nicht mehr, somit beginnt eine neue Ordnung der Dinge." Das schwierige Erbe Karls VI., die finanziell und militärisch zerrüttete Agglomeration von Ländern unterschiedlichster Loyalität, verwandelte Maria Theresia in ein gefestigtes, modernisiertes, vereinheitlichtes Reich. Religiöse Toleranz war der streng katholischen Kaiserin Sache nicht, wie sie überhaupt die Hinwendung ihres Sohnes und ab 1765 Mitregenten Joseph zu aufklärerischen Gedanken mit großer Skepsis, ja Angst betrachtete.

Auch in der Steiermark gab es heftigen Widerstand gegen die Staatsreform Maria Theresias, die die Stände weitgehend entmachtete und ihren Einfluss auf den grundherrlichen Bereich zurückdrängte. Sie beendete nicht nur die bisherige Steuerfreiheit des Adels, sondern auch des Klerus und beschränkte überhaupt den Einfluss der katholischen Kirche. Graz/Gradec wurde unter ihr Sitz des innerösterreichischen Guberniums und der steirischen Landesregierung. Die (Jesuiten-)Universität wurde in eine staatliche Lehranstalt umgewandelt und die Häuser der Stadt zur leichteren Rekrutierung durchgehend nummeriert.

(oh)

Maria Theresia in Witwentracht (Bildausschnitt), Johann Karl Auerbach, um 1765, Öl auf Leinwand, **stadtmuseum**graz

Aufklärung

Hatte sich der Humanismus ab dem 15. Jahrhundert schon als „Illumination" gegen das „dunkle Mittelalter" verstanden, so wollte die Aufklärung umso mehr die von Gott nicht beeinflussbare Weltmaschine durch Vernunft erhellen, rational gestalten und ordnen. So richteten sich Aufklärer wie Montesquieu, Voltaire, Lessing und Kant gegen Hexenverfolgungen, Folter, Leibeigenschaft, Sklaverei, aber auch gegen absolutistische Privilegien und Ungleichheit vor dem Gesetz. Der Optimismus hinsichtlich gesellschaftlichen Fortschritts hin zu Wissen, Humanität und Glück für alle war im (18.) „Jahrhundert der Aufklärung", das Kant noch nicht als „aufgeklärtes" ansah, ungebrochen.

Der reformierte Staat

Die Reformwerke von Maria Theresia und Joseph II., Basis des neuzeitlichen Österreich, betrafen durch ihre rigide staatliche Vereinheitlichung und ihre gegen Adel und Kirche gerichteten Finanz- und Verwaltungsmaßnahmen naturgemäß auch Graz/Gradec, den Sitz des innerösterreichischen Guberniums. Die Steuerfreiheit von Aristokratie und Klerus fiel, durchgehende Häusernummerierungen erleichterten die Rekrutierungen, ein Kataster stellte gleichmäßige Besteuerung sicher, die Schulreform auf Ebene der Trivial-, Haupt- und Normalschule begann zu greifen, mit dem Vermögen der aufgehobenen kontemplativen Klöster wurde der staatliche Religionsfonds gespeist, mit dem des aufgehobenen Jesuitenordens der Studienfonds.

Richard (und Susanne) Seebacher, Gastwirte
1717–1805

Richard Seebacher war Braumeister und Gastwirt im damals schon sehr beliebten „Zum Mohren" in der Murvorstadt (heute Südtirolerplatz). 1770 stiftete er für die Vierzehn-Nothelfer-Kirche in Eggenberg einen heiligen Richard, die einzige Darstellung dieses Heiligen in der Steiermark. Seebacher ließ 1795 bis 1797 das „Grünangerhaus" errichten, den ersten monumentalen Baukomplex am Glacis, einem Straßenzug, der erst zehn Jahre zuvor angelegt worden war.

Seebacher war der bekannteste, aber bei weitem nicht der einzige Gastwirt, der sich bei der Grazer Bürgerwehr betätigte. Schon der Bierbrauer Johannes Rusterholzer hatte 1728 als Hauptmann eine wichtige Rolle inne. Neben Seebacher spielte auch Franz Pann, Besitzer des „Wilden Mannes" in der Schmiedgasse, eine tragende Rolle. Die Bürgerwehr, der einst die Stadtverteidigung oblag, war im 18. Jahrhundert militärisch bedeutungslos geworden und rückte nur mehr zu Paraden, Hochzeiten, Erbhuldigungen, Prozessionen und Besuchen prominenter Persönlichkeiten aus. Als man 1765 auch die Uniformen aus Kostengründen ablegte, ergriff Seebacher anlässlich eines Besuches der Kaiserfamilie in Graz/Gradec die Initiative und begründete ein Jägerkorps, das sich die Uniformen selbst finanzierte und sich zu würdiger Vertretung der Bürgerschaft bei besonderen Anlässen repräsentativer oder militärischer Art verpflichtete. 1770 wurde das Jägerkorps mit anderen militärischen Gruppierungen zum uniformierten Bürgerkorps zusammengefasst, das in der Zeit der französischen Besetzungen seine Bewährungsprobe zu bestehen hatte. (gs)

Richard Seebacher (Bildausschnitt), Anton Jantl, 1773, Öl auf Leinwand, Alte Galerie am Landesmuseum Joanneum
Susanne Seebacher (Bildausschnitt), Anton Jantl, 1773, Öl auf Leinwand, Alte Galerie am Landesmuseum Joanneum

Leopold Gottlieb Biwald, Physiker
1731–1805

Biwald wurde nach naturwissenschaftlichen, theologischen und philosophischen Studien zunächst Gymnasiallehrer der Rhetorik in Laibach/Ljubljana, in Graz/Gradec lehrte er von 1761 bis 1805 Physik, bis zur Aufhebung des Ordens als Jesuit. Biwald verfasste ein Hand- und Lehrbuch der Physik, das nach seinem Erscheinen im Jahr 1766 über die Grenzen der Habsburgermonarchie hinaus rasche Verbreitung fand.

Die Jesuitenuniversität hatte ihre Aufgabe, die Rekatholisierung des Landes voranzutreiben und katholischen Nachwuchs auszubilden, glänzend erfüllt; den neuen Anforderungen an Universitäten im Zuge der Aufklärung nach Ausbildung in weltlichen Fächern konnte sie nicht mehr gerecht werden. Den Jesuiten wurden das Festhalten an ihren Grundsätzen ungeachtet der veränderten gesellschaftlichen Erfordernisse, ihre starke Wirksamkeit auf die Politik des absolutistischen Staates und nicht zuletzt ihre Stellung innerhalb der katholischen Kirche zum Verhängnis, 1773 löste Papst Clemens XIV. den Orden auf.

Im Sinne der neuen Wissenschaft, die auf dem Glauben an die Ratio, an die Natur basierte, verteidigte Biwald die umstrittenen Theorien Carl von Linnés. Er forderte für die Steiermark und für Graz/Gradec 1775 die Erfassung aller Pflanzen des Landes und die Zusammenstellung der Ergebnisse in einem zentralen Museum in Graz/Gradec. Mit diesem „Museum rerum naturalium Styriae" nahm Biwald die Idee des späteren Landesmuseums Joanneum vorweg.
(gs)

Leopold Gottlieb Biwald (Bildausschnitt), Johann Martin Fischer, 1807, Bleibüste, Universitätsbibliothek Graz/Gradec

Aquilinus Julius Caesar, Historiker
1720–1793

Caesar entstammte einer in die Steiermark eingewanderten Kaufmannsfamilie aus Görz/Gorizia/Gorica. Der Vater Johann Andreas Caesar war Mitglied des Inneren Rates der Stadt Graz/Gradec. Nach dem Besuch der Jesuitenschule trat Julius Caesar in das Chorherrenstift Vorau ein, wo er den Klosternamen Aquilinus annahm. Caesar studierte an der Grazer Jesuitenuniversität, wurde 1742 zum Priester geweiht und war als Lehrer und Pfarrer in der Oststeiermark tätig. Daneben führte er seine historischen, theologischen und kirchenrechtlichen Studien weiter und entfaltete eine reiche wissenschaftliche und publizistische Tätigkeit. Einen Ruf an die Grazer Lehrkanzel für Kirchenrecht lehnte der kränkelnde Gelehrte allerdings ab.

Von Caesar stammt die erste umfassende Geschichte der Steiermark, die ihm den Ehrentitel „Vater der steirischen Geschichtsschreibung" eintrug. Die „Annales Ducatus Styriae" (drei Bände, Graz/Wien 1768–1777) sind das erste systematische Quellenwerk zur steirischen Geschichte von den Anfängen bis ins 18. Jahrhundert. Seine „Beschreibung der k. k. Hauptstadt Grätz und aller daselbst befindlichen Merkwürdigkeiten" aus dem Jahre 1781 ist die erste umfassende Darstellung der Stadt in deutscher Sprache.

Obwohl von den Jesuiten ausgebildet – später sollte er sich darüber so äußern, dass er bei ihnen nur „streiten" gelernt habe –, war Caesar ein entschiedener Anhänger der Aufklärung und ergriff Partei für die Reformen Kaiser Josephs II.

(gs)

Aquilinus Julius Caesar (Bildausschnitt), Johann Preis, undatiert, Öl auf Leinwand, Alte Galerie am Landesmuseum Joanneum

Familie Rusterholzer, Mühlenbesitzer
18. Jahrhundert

Die Familie Rusterholzer war im 18. Jahrhundert aus Schwaben zugewandert und hatte es mit der Zeit zu beträchtlichem Wohlstand gebracht. Sie besaß unter anderem zwei Mühlen, die Marienmühle und die Köstenbaummühle, und die Gasthöfe „Zum Goldenen Rößl" und „Zur Sonne" in der Mariahilferstraße. Letzterer beherbergte mehrere Prominente, unter ihnen zwei Kaiser, Joseph II. und Leopold II., Louis Bonaparte, den Bruder Napoléons, und den jungen Erzherzog Johann.

Die Mitglieder der Familie betätigten sich aber nicht nur wirtschaftlich. Ein Johannes Rusterholzer wird 1728 als Hauptmann der Bürgerwehr erwähnt, Joseph Rusterholzer war berühmt wegen seiner Geschicklichkeit in der Viehzucht, weswegen ihn der wirtschaftlich sehr interessierte Kaiser Franz I. Stephan. 1765 auf seinem Hof besuchte. 1779 erstaunte er ganz Graz/Gradec durch die Präsentation zweier riesiger Mastochsen, die auch der Grazer Publizist und Geograf Joseph Karl Kindermann in seinem Werk über das Herzogtum Steiermark erwähnt. Jakob Rusterholzer veröffentlichte mehrere wirtschaftliche Aufsätze und war als bürgerlicher Kulturmäzen aktiv, sein Bruder Ignaz Rusterholzer wurde von seinem Freund und Logenbruder Johann Kalchegger von Kalchberg, Dichter und Kurator des Joanneum, wegen seiner karitativen Handlungen in einem Gedicht verewigt.

(gs)

Elisabeth Rusterholzer mit ihren Enkeln Jakob und Josef
Johann Baptist Anton Raunacher, undatiert, Öl auf Leinwand, Alte Galerie am Landesmuseum Joanneum

Andreas Leykam, Buchdrucker
1752–1826

In der Zeit der Glaubensspaltung hatte der neuartige Buchdruck mittels beweglicher Lettern einen rasanten Aufschwung genommen, denn erst dieses neue Medium hatte die rasche Ausbreitung und Durchsetzung der Reformation ermöglicht. Als sich die evangelischen Drucker in Graz/Gradec weigerten, das Vorlesungsverzeichnis der Jesuiten zu drucken, holten diese 1585 einen katholischen Buchdrucker namens Georg Widmanstetter aus Bayern in die Stadt, der ab 1600 eine Monopolstellung innehatte. Bei dieser „Offizin Widmanstetter", der immer noch einzigen Druckerei des Herzogtums Steiermark, arbeitete der junge Leykam 1781 als Gehilfe. Im selben Jahr erhielt er die Erlaubnis, eine weitere Druckerei in Graz/Gradec zu eröffnen, da mit der von Kaiser Joseph II. angestrebten Zerschlagung des Zunftwesens Konkurrenz als nützlich für die Weiterentwicklung der Wirtschaft angesehen wurde.

Mit dem Ankauf der Leuzendorfer Papiermühle und der Übernahme weiterer Druckereien, die im Laufe der Zeit entstanden waren, expandierte das Unternehmen, und Andreas Leykam wurde so zum Begründer des nach ihm benannten heutigen Medienkonzerns. Ab 1785 gab er die „Grätzer Zeitung" heraus, im 19. Jahrhundert erschienen auch die nationalliberale „Tagespost" und Peter Roseggers „Heimgarten" beim Verlag Leykam. Ebenfalls im 19. Jahrhundert wurden Druckerei und Papierfabrikation getrennt und die Firma in eine Aktiengesellschaft umgewandelt.
(fl/gs)

Joseph II., Kaiser
1741–1790

Seine Mutter Maria Theresia war über viele seiner rigiden und halsstarrigen inneren Maßnahmen und unklugen außenpolitischen Entscheidungen „not amused". Joseph II. unternahm den nicht geringen Versuch, „die Monarchie [...] als eine Sozietät von 13 Millionen Menschen zur Glückseligkeit" zu führen – und die Besitz- und Machtfülle des Erzhauses möglichst zu steigern. Aber sein Vorbild Friedrich der Große sagte ihm die Neigung nach, stets den zweiten Schritt vor dem ersten zu tun. Für viele galt der aufgeklärte Despot, der alles und jedes – vom Gesundheits- bis zum Theatersystem – ändern wollte, deshalb als ein gescheiterter Experimentator, der auch tatsächlich die meisten Reformen auf dem einsamen Sterbebett widerrief.

Graz/Gradec jedenfalls wurde mit der Erklärung zur „offenen Stadt", acht Klosteraufhebungen, der Einrichtung von Kranken-, „Irren-", Armen- und „Zuchthäusern" oder dem heute noch florierenden Bauernmarkt auf dem später nach ihm benannten Platz stark geprägt, nicht aber durch seine „Judenreformen", die hier keine Anwendung fanden. Seine Verfügung, dass man den Herzogshut der Steiermark wie die Königskrone Ungarns nach Wien zu bringen habe, war eine machtpolitische Demonstration gegen das Freiheitsdenken der Stände, für das er so wenig Verständnis hatte wie für die korporative Eigenmacht der Kirche oder die Selbstverwaltung der Städte. Dennoch bat nach Josephs II. Tod die Grazer Bürgerschaft um Beibehaltung der josephinischen Reformen.
(oh)

Joseph II., anonym, undatiert, Tempera auf Pergament, Sammlung Dr. Kurt Rossacher, Salzburg

Aufgeklärter Absolutismus

„Die Revolution wird grausam sein, wenn Ihr derselben nicht vorbaut", schrieb Joseph II. 1777 aus Frankreich. Seine Regierung und die seiner Mutter Maria Theresia zielten auf Vermeidung revolutionärer Zustände ab. Einfluss und Eigentum von Kirche und Adel wurden geschmälert, ein einheitlicher Zentralstaat geschaffen, der auf nationale (etwa böhmische) oder regionale (etwa steirische) Bedürfnisse nach politischer Mitgestaltung nicht einging. War Maria Theresia noch umsichtig und diplomatisch bei der Umsetzung ihrer nationalökonomischen Ziele, so vermied Joseph II. keine Brüskierung der Betroffenen. Erst sein Bruder Leopold II., der ein Verfassungsmodell für die Toskana entwickelt hatte, moderierte die Lage. Das Ende aller Aufklärung kam mit Kaiser Franz.

Josephinismus

Joseph II. wurde ein Jahrhundert zu früh geboren. Noch an seinem einsamen Sterbebett musste er etliche seiner rigiden Reformen zurücknehmen. Sein Bruder und Nachfolger Leopold milderte manche Verfügung, und sein Neffe Franz wendete vieles ins Gegenteil. Joseph II. hatte die Leibeigenschaft abgeschafft, ebenso Zensur und Zunftzwang, die Verwaltung vereinheitlicht, auch um die Germanisierung in nichtdeutschen Gebieten zu fördern. Über 700 kontemplative Klöster, acht davon in Graz/Gradec, löste er auf. Es galten das Josephinische Gesetzbuch, ein Vorläufer des Allgemeinen Bürgerlichen Gesetzbuches, und ein hinsichtlich drastischer Strafen wie Folter gemildertes Strafgesetzbuch, judikative und exekutive Gewalt wurden noch mehr getrennt.

Fortunat Spöck, Priester
um 1743–1803

Spöck war bis zu seinem Ausschluss Franziskanerpater im Kloster Maria Nazareth in der Untersteiermark/Štajerska. 1783 wurde er als Weltpriester an der Grazer Leechkirche angestellt und begann daneben Kranke, vor allem geschlechtskranke Frauen, zu heilen. Bald war er als „Wunderdoktor" bekannt, und es folgten mehrere Gerichtsverhandlungen wegen Kurpfuscherei. Einige Prominente intervenierten jedoch zu seinen Gunsten, darunter sein Logenbruder Kreishauptmann Christoph von Schwitzen.

Die erste nachweisbare steirische Freimaurerloge wurde 1782 auf Schloss Rothwein/Radvanje bei Marburg an der Drau/Maribor unter dem Namen „Loge zu den vereinigten Herzen" gegründet, im selben Jahr noch übersiedelte sie nach Graz/Gradec. In ihr versammelten sich „alle, die an die Ideale der Aufklärungszeit und an die Reformen des josephinischen Zeitalters glaubten", wie ein anonymer Logenbruder anlässlich der neuen Tempelweihe 1980 festhielt. Anfang des 20. Jahrhunderts bezog die Loge ihr neues Quartier im Haus Paulustorgasse 3, das der Volksmund heute noch als „Freimaurerhaus" bezeichnet. Dort findet der Besucher nicht nur ein Tympanonrelief mit Freimaurersymbolen, sondern im Stiegenhaus auch eine kleine freimaurerische „Walhalla": neben Büsten von Mozart, Goethe und anderen ein „ältester Bruder": ein Knabe mit Schurz und Zirkel.

(gs)

Fortunat Spöck (Bildausschnitt), J. A. Kappeller, undatiert, Pastell, Steiermärkisches Landesarchiv

Caspar Andreas von Jacomini, Gutsbesitzer
1726–1805

Der umtriebige Jacomini war Leutnant der Miliz von Fiume/Rijeka, Steuereinnehmer, Postmeister in Cilli/Celje, Getreidehändler und Spekulant. Mit dem erwirtschafteten Geld erwarb er verschiedene Güter in der Untersteiermark/Štajerska, die er später wieder verkaufte, als er seinen Wohnort nach Graz/Gradec verlegte. Hier ersteigerte Jacomini nach der Aufhebung der Stadt als Festung Ende des 18. Jahrhunderts Fortifikationsgrundstücke vor dem Eisernen Tor im Bereich der heutigen Reitschul-, Grazbach- und Schönaugasse. Zusätzlich erwarb er Liegenschaften des kurz zuvor aufgehobenen Dominikanerinnenklosters – die heutige Klosterwiesgasse erinnert daran – und errichtete auf diesen eine neue Vorstadt, die nach dem damaligen Kaiser den Namen Josephstadt erhielt. Der Platz, in dessen Zentrum er den „Neuhof" – auch „Alte Post" genannt – errichten ließ, erhielt nach dem Tod Josephs II. den Namen Jakominiplatz. Allmählich bürgerte sich der Name Jakomini auch für das gesamte Viertel ein, das somit nach seinem größten Förderer benannt wurde. Anfangs gehörten auch das spätere St. Leonhard und Teile des Stadtparks dazu, 1899 wurde geteilt, und seither ist der bevölkerungsreichste Bezirk der Stadt der sechste von insgesamt 17 Grazer Bezirken.
(fl/gs)

Johann Veit Kauperz, Kupferstecher
1741–1819

Gegen Ende des 18. Jahrhunderts erfasste die Aufklärung das Grazer Kulturleben. Neben die alten Eliten trat als Parteigängerin des Humanitätsgedankens die Bewegung der Freimaurer, der auch der Künstler Kauperz angehörte. Wie schon das Barockzeitalter verstand die Aufklärung die Kunst als Lehrgegenstand, ihre Kenntnis sollte den Menschen bessern – so wollte es der philanthropische Geist der Epoche.

Kauperz hatte selbst eine akademische Ausbildung zum Kupferstecher in Wien absolviert. Auch Kauperz war zutiefst von der pädagogischen Mission der Künste überzeugt. Auf sein Betreiben wurde 1785 in Graz/Gradec – zunächst als private Institution – die „Steirisch Ständische Zeichenakademie" ins Leben gerufen. Gleich mehrere Sparten wurden professionell bedient: die anspruchsvolle Reproduktion berühmter Vorbilder aus dem niederländischen und italienischen Barock wie die vorromantische Landschaft der Empfindsamkeit, – aber auch das traditionelle Andachtsbild.
(ub)

Johann Veit Kauperz (Bildausschnitt), Anton Jantl, 1792, Stich, **stadtmuseum**graz

Toleranz

Während Maria Theresia noch „Protestanten" verbannte, räumte ihnen Joseph II. durch sein Toleranzpatent Freiheiten ein. Es gewährte freie Religionsausübung und bürgerliche Gleichstellung für Lutheraner, Calvinisten und Griechisch-Orthodoxe. Die „Judenreformen" Josephs II. waren Grundlage für Integration und Emanzipation der jüdischen Bevölkerung, die deutsche Vor- und Nachnamen zu tragen hatte. Staatsbürgerpflichten wurden ihr übertragen, dennoch blieb sie nach wie vor rechtlos. In der Steiermark war man stolz darauf, das Judenpatent Josephs II. nicht durchführen zu müssen. So blieb Graz/Gradec bis 1861 eine „Stadt ohne Juden".

Französische Revolution

Basierend auf liberalen, demokratischen und nationalistischen Prinzipien, beseitigte die Französische Revolution zunächst die Privilegien von Adel und Klerus und beschränkte die Monarchie durch die Verfassung. Die Nationalversammlung schaffte den Feudalismus ab und verkündete die Menschenrechte. Solidaritätserklärungen zugunsten der französischen Monarchie durch Preußen und Österreich und der Einmarsch ihrer Truppen verschärften unter anderem die Radikalisierung mit Ausrufung der Ersten Republik und späterer blutiger Jakobinerherrschaft, dem Großen Terror. Der Staatsstreich Napoléons beendete die Revolution. Aber die bürgerliche Gesellschaft hatte sich in Frankreich gegen das monarchisch-adelige System durchgesetzt.

Joseph Bellomo, Theaterdirektor
1752/1754–1833

Als 20-Jähriger kam Joseph Bellomo, eigentlich Joseph Edler von Zambiasi, nach Wien, von 1776 bis 1779 trat er als Schauspieler in Graz/Gradec auf, wo er die Sängerin Therese Nicolini heiratete. Mehrere Versuche, als Theaterdirektor längerfristig Fuß zu fassen, unter anderem in Münster, Augsburg, Mainz, Prag/Praha und Dresden, schlugen fehl. Von Erfurt aus wurde er 1783 mit seiner Truppe nach Weimar engagiert, wo er bis 1791 die fürstliche Liebhaberbühne leitete.

Bellomo stand von 1791 bis 1797 dem „Grätzer Ständischen Nationaltheater" als Direktor vor. Nach anfänglichen Misserfolgen gewann er sukzessive die Gunst des Grazer Publikums. Er reüssierte besonders mit verschiedenen Opernaufführungen, vor allem Mozart, zu den größten Erfolgen zählten die Erstaufführungen der „Zauberflöte" und von „Der Baum der Diana" von Martín. Im Bereich Schauspiel folgte Bellomo dem allgemeinen Zeitgeschmack, was sich in einer Präferenz des rührseligen „Familiengemäldes" – von Iffland und Kotzebue brachte er zusammen 34 Stücke – gegenüber den Klassikern offenbarte – von Goethe und Schiller kamen nur sechs Dramen zur Aufführung. In Summe konstatierten ihm die Zeitgenossen zwar ökonomische Kompetenz – Redouten, Lotterien etc. –, anderseits sprach man ihm einen tieferen Kunstverstand ab. Goethes Urteil über dessen Weimarer Jahre: „Bellomos Repertoire war schon von Bedeutung" klingt schmeichelhaft.

(pp/gs)

Johann Michael von Steffn, Bürgermeister
1754–1828

Steffn studierte Rechtswissenschaften in Graz/Gradec und Wien. Nach seiner Promotion ließ er sich in Graz/Gradec als Hof- und Gerichtsadvokat nieder, stieg bald zum Magistratsrat und schließlich in das Amt des Grazer Bürgermeisters auf. Für seine Verdienste im Jahr 1797 wurde Steffn ausgezeichnet, zum innerösterreichischen Appellationsrat befördert und geadelt.

Steffns Amtszeit als Bürgermeister fällt in die Zeit des Ersten Koalitionskrieges gegen Frankreich und der ersten französischen Besetzung von Graz/Gradec. Der Bürgermeister gehörte neben dem steirischen Landeshauptmann und anderen der provisorischen Landeskommission an, deren Hauptaufgabe es war, die geforderten Requisitionen an Geld, Lebensmitteln, Kleidung und anderen Dingen für die Besatzungstruppen aufzubringen.

Steffn kümmerte sich auch um die Verlegung und Ausgestaltung der bürgerlichen Schießstätte. Diese hatte sich seit etwa 1600 an der Mur auf der Höhe des Griesplatzes befunden und der Kampferprobung und dem sportlichen Vergnügen gedient. Schließlich war daraus ein viel besuchtes Unterhaltungszentrum geworden, in dem man auch Billard spielen und tanzen konnte. Durch die Ausweitung der Murvorstadt musste die Schießstätte in den Bereich Münzgrabenstraße/Friedrichgasse verlegt werden.
(gs)

Johann Michael von Steffn (Bildausschnitt), anonym, undatiert, Lithografie, **stadtmuseum**graz

Napoleonische Kriege

Napoléon konsolidierte den inhaltlichen Kern der Französischen Revolution und trug ihre Prinzipien modifiziert in weite Teile Europas. Dagegen und gegen den Vormachtanspruch Frankreichs bildeten sich wechselnde europäische Koalitionen. Von diesen Revolutions- und Koalitionskriegen war Graz/Gradec schwer betroffen: Im Jahr 1797 (Vorfriede von Leoben) nächtigte Napoléon in der Herrengasse; 1805 (die Franzosen sollten in diesem Dritten Koalitionskrieg Wien besetzen) waren die französischen Truppen 51 Tage in Graz/Gradec; und im (vergeblichen) Erhebungsjahr 1809 wurde der Schloßberg beschossen, nach der Schlacht von Wagram besetzt, und nach dem Frieden von Schönbrunn wurde die Festung gesprengt.

Jakobinismus

Kaiser Franz war, gemessen an seinen Vorgängern Maria Theresia, Joseph und Leopold, nicht eben weitblickend und weltoffen: ein reaktionärer, antiaufklärerischer Despot, der sich dabei hervortat, die Vorläufer demokratischer Bewegungen, die an den Reformbestrebungen Josephs II. und vor allem den Ständeexperimenten Leopolds II. anknüpften, als „jakobinische Verschwörer" zu verfolgen. Frühdemokratische, republikanische Bewegungen gab es auch außerhalb Wiens, so in der Steiermark. Ihr Verbalradikalismus blieb letztlich für die Gesellschaftstheorie und -praxis der Habsburgermonarchie ziemlich folgenlos.

Franz Kaspar Dobler, Handelsmann
1759–1817

Dobler stammte aus einer alteingesessenen Grazer Bürger- und Handelsfamilie. Er blieb der Familientradition treu und zählte um 1800 zu den bedeutendsten Handelsmännern seiner Heimatstadt. 1792 trat er die Nachfolge von Richard Seebacher als Oberkommandant der Grazer Bürgerkorps an. Dobler war auch an der Gründung des Handlungsdienerinstituts, der späteren Merkur-Versicherung, beteiligt. Sie ist eine der ältesten heute noch bestehenden Versicherungsanstalten der Steiermark.

Während der französischen Besetzungen der Stadt Graz/Gradec in den Jahren 1797, 1805 und 1809 übernahm das Bürgerkorps zusammen mit der Bürgerwehr den Wachdienst in der Stadt, solange die regulären Truppen abwesend waren. Zu den Aufgaben von Doblers Mannschaft gehörte es, die öffentliche Sicherheit zu gewährleisten, Plünderungen zu unterbinden und Zusammenstöße zu verhindern. Als Kommandant des Bürgerkorps gehörte Dobler mit Bürgermeister Steffn zu den neu gewählten Landeskommissionen, denen die Verwaltung des Landes oblag. Als im Winter 1809 die Festung gesprengt wurde, legten Mitglieder des Korps selbst Hand an, um mit der manuellen Abtragung von Festungsmauern größere Beschädigungen an Gebäuden in der Sackstraße zu verhindern. Das Bürgerkorps beteiligte sich auch an der finanziellen Abfindung der französischen Mineure, um die Sprengung von Uhr- und Glockenturm abzuwenden. Franz Kaspar Dobler war Freimaurer und sprach Französisch, daher dürften sich interessante Gespräche entwickelt haben, als er Napoléon Bonaparte anlässlich dessen ersten Aufenthalts in der Stadt 1797 bewirtete. 1810 bot er dessen Bruder, Louis Napoléon Bonaparte, Quartier in Graz/Gradec.

(gs)

Franz Kaspar Dobler (Bildausschnitt), anonym, undatiert, Lithografie, Steiermärkisches Landesarchiv

Sigmund von Schwitzen, Staatsrat
1774–1834

Von Schwitzen beschäftigte sich anfangs privatwissenschaftlich mit Landwirtschaft auf seiner Herrschaft Waldegg in der Umgebung von Graz/Gradec. Später machte er eine steile Karriere im öffentlichen Dienst, 1815 wurde er vom Kaiser zum wirklichen Staats- und Konferenzrat ernannt. 1784 wird Schwitzen als „Meister vom Stuhl", also als Vorsitzender der St.-Johannes-Loge „Zu den vereinigten Herzen im Orient von Graz" geführt. Diese älteste Grazer Freimaurerloge zählte 50 Bürgerliche und 50 Adelige, darunter einen Marquis, acht Grafen, fünf Freiherren und 13 Offiziere, zu ihren Mitgliedern. Der Logenbruder und Kupferstecher Johann Veit Kauperz entwarf ein Siegel für die Loge, das die Absichten der Freimaurer illustriert: Die Brüder arbeiten an einem geistigen Bau, dem Tempelbau der Menschheit, sie wollen das Menschengeschlecht veredeln und Harmonie unter allen Menschen herstellen.

Schwitzen gehörte nicht nur zu den wichtigsten Persönlichkeiten der steirischen Aufklärung, er war auch ganz im Sinne der Freimaurer sozial tätig. In der im Jahr 1800 nach ihm benannten Gasse in der Murvorstadt, ursprünglich „Sigmundstadt" genannt, ließ der Eigentümer zweier Grazer Sägemühlen auf seinem Besitz Holzhäuser für Keuschler errichten. (gs)

Sigmund Freyherr von Schwizen (Bildausschnitt), Johann Veit Kauperz, undatiert, Lithografie, **stadtmuseum**graz

Franz Xaver Hackher zu Hart, Militär
1764–1837

Hackher zu Hart entstammt einem alten niederösterreichischen Adelsgeschlecht. Er machte mit den Genietruppen – den heutigen Pionieren vergleichbar – an verschiedenen Kriegsschauplätzen in Europa Karriere und trat 1826 als Oberst in den Ruhestand. In den napoleonischen Kriegen erhielt er hohe Auszeichnungen, darunter das Ritterkreuz des Maria-Theresia-Ordens. Die Stadt Graz ehrte ihn 1909 mit dem „Hackher-Löwen" auf dem Schloßberg.

Graz wurde nur ein einziges Mal in seiner Geschichte – sieht man von den Bombardements des Zweiten Weltkrieges ab – konkret in Kampfhandlungen verwickelt, nämlich in die Auseinandersetzungen von österreichischer und napoleonischer Armee zwischen den Schlachten von Aspern (Mai 1809) und Wagram (Juli 1809). Im Juni hielt Major Hackher mit rund 900 Soldaten auf dem Schloßberg eine Woche lang mehreren Sturmangriffen französischer Einheiten erfolgreich stand, bis sich die Kriegshandlungen allmählich wieder weg von der Stadt verlagerten. Ende Juli musste Hackher mit seinen Truppen nach der endgültigen Niederlage Erzherzog Karls bei Wagram die Festung kampflos räumen und französischer Kontrolle übergeben.

Major Hackher hielt sich nicht sehr lange in Graz auf, hat sich aber tief in das Gedächtnis der Grazer Bevölkerung eingegraben. Sein Vermächtnis ist allerdings zwiespältig: Den einen gilt er als heldenhafter Verteidiger gegen feindliche Übermacht, für die anderen war sein letztlich vergeblicher Widerstand die Ursache für die spätere Sprengung der Festung.

(gs)

Franz Anton von Zeiller, Jurist
1751–1828

Der in Graz geborene und hier schulisch und universitär ausgebildete Franz Zeiller, später in den Adelsstand erhoben, gilt als einer der bedeutendsten österreichischen Rechtsgelehrten. Zu seinen Schülern in den politischen und den Rechtswissenschaften gehörte auch Erzherzog Johann. Die Grazer Universität verdankt dem steirischen Freimaurer die Einrichtung der Juridischen Fakultät.

Zeiller gilt als Hauptverfasser des 1812 in Kraft getretenen Allgemeinen Bürgerlichen Gesetzbuchs (ABGB), das nur einmal gründlich revidiert wurde und noch heute unsere privatrechtlichen Angelegenheiten regelt. Das ABGB (in der alten Fassung Carl Anton von Martinis bereits 1797 als Westgalizisches Bürgerliches Gesetzbuch veröffentlicht) ist neben dem preußischen Allgemeinen Landrecht (1794) und Napoléons Code Civil (1804) eines der bedeutendsten Gesetzbücher Europas und war ein früher Schritt ins moderne bürgerliche Zeitalter. Dem monarchischen Absolutismus wurden durch das neue Gesetzbuch rechtsstaatliche Grenzen gesetzt, ohne sich, wie im Code Napoléon, völlig dem (naturrechtlichen) Diktat der Vernunft auszusetzen. Die privatrechtliche Freiheit des Bürgers jedenfalls war garantiert. Leitideen waren individuelle Freiheit und Gleichheit aller Untertanen vor dem Gesetz, Freiheit der Person und des Eigentums, Priorität einer bürgerlichen Ordnung vor Adelsprivilegien, soziale Gerechtigkeit und Schutzfunktion des Rechts in Bezug auf die Schwachen.
(oh)

Franciscus Nobilis de Zeiller (Bildausschnitt), anonym, undatiert, Lithografie, **stadtmuseum**graz

1809–1848

Wiener Kongress
Modernisierung
Gleichberechtigung
Protestantenpatent
Deutsche Frage
Modernität
Industrialisierung
Arbeiterschaft
Revolution
Nationalismus
Bürgertum
Arbeiterbewegung
Monarchie
Aufklärung
Biedermeier als Vormärz
Restauration
Märzrevolution 1848
Selbstbestimmung
Neoabsolutismus

Johann von Österreich, Erzherzog
1782–1859

Johann war das 13. Kind (und der 6. Sohn) Leopolds von Toskana, des nachmaligen (ab 1790) Thronfolgers Josephs II. Nach dem frühen Tod des offen und liberal-konstitutionell eingestellten Kaisers wurde Johanns reaktionärer Bruder Kaiser Franz II. 1792 sein Vormund.

Auf den politischen Bühnen Europas und in den Kriegen gegen das napoleonische Frankreich war Erzherzog Johann fast durchwegs erfolglos. Zu den großen Schlachten kam der (nominelle) Oberbefehlshaber der österreichischen Truppen zu spät (Wagram 1809), oder er verlor sie restlos (Hohenlinden 1800). Als auch in Deutschland populärer, liberal und großdeutsch denkender Metternich-Gegner und Stellvertreter des geistig minder bemittelten, vor der Revolution geflohenen Kaisers Ferdinand wurde er 1848 von der gesamtdeutschen Frankfurter Nationalversammlung zum „unverantwortlichen Reichsverweser über Deutschland" gewählt, ohne sich wirklich als Exponent der Paulskirche zu fühlen, und so musste er schon eineinhalb Jahre später resignieren.

Die Jahrzehnte zwischen diesen militärischen und politischen Misserfolgen zeigen, dass der „Herzog Hannes" groß war beim Naheliegenden, Überschaubaren, Wirtschaftlichen. Als Gründer, Stifter, Beweger war Erzherzog Johann für die Modernisierung der Steiermark von überragender und unbestrittener Bedeutung. Vom 1811 gegründeten Joanneum über die Steiermärkische Sparkasse bis zur Wechselseitigen Brandschaden-Versicherung – alles geht auf den am Gemeinwohl orientierten „steirischen Prinzen" zurück.
(oh)

Erzherzog Johann in Rock mit grünen Aufschlägen (Bildausschnitt), Leopold Kupelwieser, 1828, Öl auf Leinwand, Neue Galerie am Landesmuseum Joanneum

Michael Biberauer, Pfarrer
1791–1859

Erster Seelsorger der nach der Gegenreformation 1821 neu gegründeten Grazer evangelischen Gemeinde wurde der in Güns/Kőszeg geborene Michael Biberauer. Er blieb fast vier Jahrzehnte im Amt, die volle Gleichberechtigung der evangelischen Kirche durch das Protestantenpatent von 1861 erlebte er aber nicht mehr.

Mit dem Toleranzpatent Kaiser Josephs II. war 1781 der Monopolanspruch der katholischen Kirche auf die Seelen der Österreicher gefallen. Elf Jahre später konnten in der Stadt die ersten evangelischen Gottesdienste seit fast 200 Jahren gefeiert werden. Bis zum Bau eines eigenen Bethauses – Kirchen waren weiterhin nur den Katholiken gestattet – sollten jedoch noch mehr als 30 Jahre vergehen. Nach zahlreichen Störversuchen seitens der Behörde und der katholischen Kirche erteilte das Gubernium schließlich 1824 die Bewilligung zum Bau eines Gotteshauses auf dem Holzplatz, der 1879 seinen heutigen Namen, Kaiser-Josef-Platz, erhielt. Zuvor mussten die Bauwerber aber schriftlich bestätigen, dass sie weder einen Turm mit Geläute noch einen Eingang von der Straße zu errichten gedächten und sich das Gebäude in keiner Hinsicht von einem Privathaus unterscheiden werde. 1854 erhielt die Heilandskirche ihre heutige Gestalt, zwei Jahre später wurde Graz/Gradec eine selbständige Pfarrgemeinde, bis dahin war sie als Filiale von Wald am Schoberpass geführt worden.

(gs)

Michael Biberauer (Bildausschnitt), J. M. Glock, undatiert, Lithografie, Evangelische Pfarrgemeinde Graz – Heilandskirche

Ignaz Maria von Attems, Landeshauptmann
1774–1861

Der Sohn des Landeshauptmannes Ferdinand Maria von Attems trat nach einem Studium am Grazer Lyzeum 1793 in den öffentlichen Dienst ein, in dem er zeitlebens verblieb. 1820 wurde er von Kaiser Franz I. zum Landeshauptmann ernannt. Im Zuge der Revolution von 1848 wurde Attems in den Ruhestand versetzt. Da kein Nachfolger ernannt wurde, führte er die Geschäfte bis Anfang 1852 fort.

Ignaz Maria folgte seinem Vater, der 1811 das Joanneum mitgegründet hatte, auch als Kurator in dieser Institution, die als Unterrichtsanstalt ursprünglich an das Lyzeum angegliedert werden sollte. Doch die Dinge entwickelten sich ganz anders als geplant: Das Lyzeum wurde 1827 aufgrund einer Initiative Attems' wieder zur Universität erhoben, mit der Abspaltung der Technischen Universität Graz/Gradec entwickelte sich das Joanneum immer mehr zu dem Universalmuseum, wie wir es heute kennen.

Mit seinem Freund Erzherzog Johann setzte sich Attems tatkräftig für die Trassierung der „Südbahn" über den Semmering ein. Die 1857 eröffnete Eisenbahnverbindung zwischen Wien, der kaiserlichen Residenzstadt, und Triest/Trieste, dem wichtigsten Hafen der Habsburgermonarchie, legte für Graz/Gradec und die Steiermark den Grundstein für Industrialisierung, Technisierung und Modernität. Die Semmeringbahn, der schwierigste Abschnitt der Bahnstrecke, unter der Leitung von Karl von Ghega 1848–1854 gebaut, gilt bis heute als Vorbild für alle Gebirgsbahnen der Welt.
(gs)

Landeshauptmann Ignaz Maria Attems,
Anton Dietrich, 1853, Bronzebüste vergoldet,
Neue Galerie am Landesmuseum Joanneum

Ludwig Louis von Pereira-Arnstein, Bankier
1803–1858

Der Sohn Fannys von Arnstein und Heinrichs von Pereira führte ab 1834 gemeinsam mit Bernhard von Eskeles das Bankhaus Arnstein & Eskeles, ein typisches Beispiel vom Aufstieg der ehemaligen so genannten „Hofjuden" in die bürgerliche und adelige Welt. Beteiligt an der Gründung der Österreichischen Nationalbank, der Ersten Österreichischen Sparkasse und der Ersten Donau-Dampfschifffahrts-Gesellschaft (DDSG), zählte das Bankhaus Arnstein & Eskeles neben den Rothschilds zu den Großen in der Wirtschaft der österreichischen Monarchie. 1837 erwarb die Bank die zwölf Jahre zuvor gegründete Zuckerraffinerie in Graz-Geidorf. Ursprünglich auf die Verarbeitung von Rohrzucker ausgerichtet, gelang diesem Unternehmen im Gegensatz zu vielen anderen die Umstellung auf den neuen Rohstoff Zuckerrübe.

Als einzige Sparte der Konsumgüterindustrie konnte sich die Zuckerverarbeitung als wirtschaftliches Zugpferd neben der Metallindustrie behaupten. Die im Zuge der napoleonischen Kontinentalsperre entwickelten Techniken der Zuckerrübenraffinierung brachten der Monarchie eine Vorreiterrolle bei der Zuckerproduktion in Europa. In den 50er Jahren des 19. Jahrhunderts verdrängte die Grazer Fabrik die französische und holländische Konkurrenz auf dem europäischen Markt. Heute erinnert nur mehr das ehemalige Direktionsgebäude – das einstige Wohnhaus von Louis Napoléon Bonaparte – in der Herdergasse 3 an die Zuckerfabrik.

(fl)

Portrait des Baron Ludwig Louis Pereira-Arnstein
(Bildausschnitt), Friedrich von Amerling, 1844, Öl auf Leinwand, Neue Galerie am Landesmuseum Joanneum

Der Wiener Kongress

Nach einem Vierteljahrhundert Krieg tagten unter Metternichs Vorsitz europäische Monarchen und Diplomaten, um das nachnapoleonische Europa unter dem Zeichen der Restauration vorrevolutionärer Zustände nach traditionellen dynastischen und machtpolitischen Prinzipien neu zu gestalten. Der von der Heiligen Allianz, dem christlich-monarchisch-konservativen Dauerbündnis der Kontinentalstaaten, ideologisch abgesicherte Wiener Kongress hatte eine europäische Friedensordnung und die Abwehr drohender Revolutionen zum Ziel. Das leitende Prinzip des „Gleichgewichts der Kräfte" bezog sich auf die fünf europäischen Großmächte sowie auf das der Nationen innerhalb des habsburgischen Vielvölkerstaats. Ein föderatives Mitteleuropa unter österreichischer Führung sollte nationalen Neuordnungen zuvorkommen, die der Selbstzerstörung Österreichs gleichgekommen wären.

Märzrevolution 1848

Die Ideen der politischen Freiheit waren nicht aufzuhalten. In der Märzrevolution entluden sich alle dorthin strebenden Kräfte. Vom Sturm, der 1848 durch Europa ging, wurde Graz/Gradec nur gestreift. Das aufstrebende Bürgertum war angetreten, die feudal-klerikal-monarchische Herrschafts- und Gesellschaftsordnung nach dem Vorbild der erfolgreichen französischen Februarrevolution zu vernichten. Bürgerliche Grundrechte, Teilhabe an der Regierung, Selbstverwaltung der Gemeinden, Presse-, Lehr- und Lernfreiheit, Gleichstellung der Konfessionen lauteten die Forderungen in Deutschland und Österreich, Selbstbestimmung und Autonomie in habsburgisch regierten italienischen Regionen, in Ungarn und Böhmen. Zwar wurde Metternich gestürzt, doch endete die Revolution letztlich nach dem Staatsstreich 1851 („Sylvesterpatent") im habsburgischen Neoabsolutismus von Kaiser Franz Joseph.

Aufständischer Proletarier
1848

Unter der behaglich-biedermeierlichen Tünche des Vormärz verbargen sich die katastrophalen Lebensumstände der Unterschichten. Hier herrschten Wohnungsnot und Arbeitslosigkeit, Krankheiten, Kriminalität und Verwahrlosung. Zur allgemein hohen Steuerlast gesellten sich ab 1845 noch Missernten in ganz Mitteleuropa, die Lebensmittel wurden knapp und teuer.

Die erste Welle der Revolution von 1848 wurde auch in Graz/Gradec von den bürgerlich-liberalen Intellektuellen, allen voran den Studenten, getragen, am 3. April 1848 jedoch brach der soziale Konflikt aus. Einer Protestversammlung der Studenten schlossen sich Arbeiter, Gesellen und Lehrlinge an, um gegen hohe Preise und schlechte Qualität, vor allem des Brotes, zu protestieren. Überall in der Stadt zertrümmerten sie die Fenster der Bäckerläden, Plünderungen kamen allerdings nur selten vor. Am nächsten Tag waren die Fleischer im sogenannten „Kälbernen Viertel" an der Reihe, diese waren allerdings bereits darauf vorbereitet und hatten ihr Viertel abgeriegelt. Im Juli kam es erneut zu Protesten gegen den Brotpreis, bis die Behörde den Ausnahmezustand verhängte.

Auch in Wien zerbrach das anfängliche Bündnis zwischen Bürgertum und Proletariat rasch: Im August standen sie auf verschiedenen Seiten der Barrikaden, bereits im Oktober 1848 verteidigten praktisch nur mehr die Arbeiter die Revolution gegen die vielfach überlegenen kaiserlichen und kroatischen Truppen.

(gs)

Vinzenz Benedikt von Emperger, Politiker
1815–1875

Emperger erhielt seine juristische und philosophische Ausbildung in Graz/Gradec, die er 1844 mit der Promotion zum Doktor der Rechte abschloss. Im März 1848 stellte er sich an die Spitze des reformhungrigen Teils der Grazer Bürgerschaft und trat gegenüber Statthalter Graf Wickenburg als deren Sprecher auf. Als Abgeordneter der Universität im Landtag setzte sich Emperger unter anderem in der heftig diskutierten Sprachenfrage für die Rechte der slowenischen Landesbewohner ein. Letztlich scheiterte Emperger zusammen mit der Revolution von 1848: Als Mitglied einer Freiwilligentruppe zur Unterstützung der bedrängten Revolutionäre von Wien wurde er nach deren brutaler Vernichtung nach seiner Heimkehr verhaftet und zu 18 Jahren Kerker verurteilt. Durch einen „bürokratischen Zufall" wurde er in der berüchtigten Festung Spielberg in Brünn/Brno inhaftiert. Durch vielfache Intervention gelang es, Emperger zuerst nach Wien und später nach Kufstein verlegen zu lassen. Nach seiner Begnadigung 1857 verließ Emperger das Gefängnis als kranker Mann.

Erst 1867 wurde er gänzlich rehabilitiert und ihm auch wieder die 1848 verliehene Ehrenbürgerwürde der Stadt Graz/Gradec zuerkannt. Seine berufliche Karriere war aber aufgrund seiner revolutionären Tätigkeit zerstört. Nur gegen große Widerstände konnte er die Advokatenprüfung ablegen und als Rechtsanwalt in Bruck an der Mur, Leoben und Graz/Gradec tätig werden. Verstorben ist Vinzenz von Emperger im Grazer Bürgerspital, nicht gerade gesegnet mit irdischen Gütern. (fl)

Vinzenz Benedikt von Emperger (Bildausschnitt), Josef Franz Kaiser nach einer Zeichnung von Ignaz Preisegger, 1848, Lithografie, **stadtmuseum**graz

Joseph Benedikt Withalm, Baumeister
1771–1865

Nach einem abenteuerlichen Leben, das ihn unter Napoléon I. bis nach Russland führte, findet man Withalm ab 1817 in Graz/Gradec als Baumeister. Unter seinen Grazer Bauwerken gelangten „Withalms Coliseum", entstanden im Jahr 1839, und das 1846 nach damals modernsten architektonischen Erkenntnissen geplante Eiserne Haus auf dem Murvorstadtplatz (heute Südtirolerplatz) zu großer Bekanntheit. Mit dem Eisernen Haus wurde Withalm zu einem Pionier der Eisenkonstruktion im steirischen Bauwesen. Die „Eventhalle" Coliseum bot 3000 Besuchern Platz und diente auch als Quartier für Soldaten. Nach dem Abflauen des Interesses an Veranstaltungen und dem vermehrten Bau von Kasernen wurde das Gebäude zuletzt als Bethaus der jüdischen Gemeinde benutzt.

Seit 1861 war auch in Graz/Gradec die Zeit der Judensperre definitiv zu Ende. Der verlorene Krieg 1859 (Magenta und Solferino) gegen die italienische Freiheitsbewegung, das „Risorgimento", führte in Österreich zu einer Wiederbelebung der Verfassungsfrage und damit zu einer innenpolitischen Teilliberalisierung. Nicht nur wurde den Evangelischen im Protestantenpatent Gleichberechtigung zugestanden, auch die Stadt Graz/Gradec verzichtete auf Antrag des Abgeordneten Dr. Rechbauer auf das Recht, „keine Juden über Nacht in ihrem Weichbild dulden zu müssen". Völlige Gleichstellung mit den anderen Religionsgemeinschaften erlangte die jüdische Gemeinde erst nach einem weiteren verlorenen Krieg, dem „Deutschen Krieg" 1866 (Königgrätz/Hradec Králové).
(fl/gs)

Joseph Benedikt Withalm (Bildausschnitt), Josef Schlanderer, um 1810, Öl auf Leinwand, **stadtmuseum**graz

Franz Xaver Nippel von Weyerheim, Bürgermeister
1787–1862

Für seine Verdienste um die Stadt wurde Franz Xaver Nippel mit der Ehrenbürgerschaft belohnt. Man sagt, er habe in den Jahren 1827 bis 1829 als provisorischer Bürgermeister der Stadt Graz/Gradec die Geschäftsführung des Magistrats in eine bessere Ordnung gebracht. Wie die Akten vor seiner Amtszeit geführt wurden, kann keiner historischen Prüfung mehr unterzogen werden. Denn nachdem 1555 das städtische Archiv bei einem Brand ein Raub der Flammen geworden war, wurden 1803 anlässlich des Rathausneubaus die neuzeitlichen Bestände des Stadtarchivs teilweise aussortiert und teilweise in einem feuchten Kellergewölbe in der Färbergasse gelagert. Dadurch wurden die bis 1820 unbeachteten Akten feucht und schimmelig. Das Hochwasser des Jahres 1827 wurde genutzt, um den Großteil des verbliebenen und angemoderten Stadtarchivbestands in die Mur zu werfen. Nur einige Privilegien, Stiftungsurkunden und Schuldbriefe des Magistrats, die immer schon außerhalb des Archivs aufbewahrt worden waren, blieben erhalten. Die Hauptquellen zur Grazer Stadtgeschichte aber fehlen seit diesem unter Bürgermeister Nippel gesetzten Schlag zur Befreiung von allen geschichtlichen Bürden.
(oh)

Georg Hauberrisser der Ältere, Baumeister
1791–1875

Eine wesentliche Veränderung des Charakters der Stadt Graz/Gradec erwirkten die Edikte Kaisers Josephs II. 1782 und 1784. Graz/Gradec war nicht mehr befestigte Stadt: Dies ermöglichtefrüh eine planmäßige Stadterweiterung. Von diesen historischen Entwicklungen profitierte der Baumeister Georg Hauberrisser ebenso wie von einer relativ fortschrittlichen Bauordnung, denn seinem Büro bot sich eine ausgezeichnete Auftragslage.

Er war, nach seinen Lehr- und Wanderjahren als Maurer, 1811 beim Grazer Baumeister Joseph Rothmayer in den Dienst getreten, rasch zum Geschäftsführer befördert worden und hatte 1828 dessen Büro übernommen. Das Bürgertum war sein zahlungskräftiger Auftraggeber, es entstanden monumentale Bauten wie das Palais Kees, das repräsentativ am Beginn der Elisabethstraße steht. Erzherzog Johann bestellte im Büro Hauberrisser das Palais Meran als Stadtwohnsitz für seine Familie. Hauberrisser war Baumeister, sein Interesse galt weniger einer einheitlichen Konzeption des gesamten Bauwerks in der Tradition des Barock als der Gestaltung der Fassaden. Das architektonische Formengut seiner Fassadenlösungen war einfallsreich, blieb aber traditionell. Er gab den Auftakt zum Bauboom unter der Regie von Baumeistern, die neben Architekten oft „nur" als bauende Handwerker galten, die aber den Wandel der Stadt Graz/Gradec von einer Industrie- zur „Wohnstadt" wesentlich mitgestalteten und das Bild der Stadt bis heute prägen. Der älteste Sohn aus dritter Ehe, Georg Hauberrisser der Jüngere, folgte ihm als Baumeister, er plante die Herz-Jesu-Kirche in Graz/Gradec. (mo)

Georg Hauberrisser der Ältere (Bildausschnitt), anonym, 16. August.1869, Fotografie, **stadtmuseum**graz

Johann Nepomuk Nestroy, Dramatiker
1801–1862

Im (anonymen) Österreichischen Parnass von 1842 ist zu lesen: „Nestroy, Johann, sehr lang, etwas ungeschlacht, Embonpoint [Leibesfülle], blatternarbig, rundes Gesicht, lockiges, etwas graues Haar, greller Schauspieler, […] trefflicher Zeichner gemeiner Charaktere in Calots's Manier." Selbst Hebbel, dessen Idealismus er mit der „Judith"-Travestie durchgeschüttelt und auf den Kopf gestellt hatte, sah sich zum Kompliment genötigt, Nestroy sei ein „Genius der Gemeinheit".

Tatsächlich war Nestroy bar jeden Glaubens an das Gute, Schöne und Wahre. Mit dem giftigen Hauch des Skeptizismus blies er „romantische" Empfindungen und gemütvolle Illusionen hinweg und setzte an ihre Stelle die sich oft in dialektischen Volten überschlagende Sprache des Unbewussten, des zynischen Pessimismus. Nestroy schiffte auch, wie sein „Schmafu", einstens in Arkadien geboren, „ohne Kompaß des Trostes auf dem schwarzen Meer der Verzweiflung" herum.

Davon gab er in Graz/Gradec in einigen Gastspielen unheimliche Proben. Nestroys frühe Jahre am ständischen Schauspielhaus in „Grätz", wo er 1826 bis 1831 fix engagiert war, sind jene des Übergangs vom Bassbariton der Oper (Debüt als Rossinis Figaro) zum musikalischen Sprechtheater. In Graz/Gradec lernte Nestroy seine Lebensgefährtin Marie Weiler, kennen, und im „Pensionopolis" der Monarchie, wohin er sich 1859 zurückgezogen hatte, starb er an einem Schlaganfall.
(oh)

Johann Nepomuk Nestroy als Jupiter (Bildausschnitt), anonym, um 1860, gefasste Holzstatuette, **stadtmuseum**graz

Biedermeier als Vormärz

Die – in der Geschichtsfolklore – zwischen „tanzendem" Kongress und Radetzkymarsch angesiedelte Epoche mit ihrer sich ins Kleinliche vertiefenden Biedermeierkunst war die Zeit des gegen den liberalen französischen Geist gerichteten, ab 1820 voll einsetzenden Metternich'schen Polizeistaats, politisch rückwärtsgewandt und zukunftsbesessen im Wirtschaftlichen. Der gigantische wirtschaftliche Wandel brachte auch schwere wirtschaftliche Krisen mit Massenarmut (sogenannter Pauperismus) mit sich. Gegen die gewaltsam erzwungene innere Ruhe, die „Demagogen"-Verfolgungen und die Pressezensur richteten sich erwachende bürgerlich-antifeudale, liberal-konstitutionelle, republikanische und frühsozialistische Kräfte. „Mein geheimster Gedanke ist", schrieb Metternich in sein Tagebuch, „daß das alte Europa am Anfang seines Endes ist."

Die deutsche Frage

Vom Ende des Heiligen Römischen Reiches 1806 bis Königgrätz/Hradec Králové 1866 schwelte die deutsche Frage. Die Nachfolgeorganisation für die Reichsterritorien war der föderale Deutsche Bund, ein von Metternich gesteuertes Instrument zur Unterdrückung deutscher Einheitsbestrebungen und demokratisch-liberaler Verfassungsbewegungen. Darüber wachte eine Kommission gegen „revolutionäre Umtriebe". Nach dem Zwischenspiel der am Widerstand Preußens gescheiterten Paulskirchen-Nationalversammlung (womit auch die bürgerliche 1848er Revolution gescheitert war), mit Erzherzog Johann als Reichsverweser, verstärkte sich der Gegensatz zwischen Österreich und Preußen und mündete letztlich in die Auflösung des Deutschen Bundes und in den „Deutschen Krieg". Nach Bismarcks Sieg 1866 erfolgte die Reichsgründung Deutschlands ohne Österreich, als „kleindeutsche" Lösung.

Roman Sebastian Zängerle, Bischof
1771–1848

Der spätere 49. Fürstbischof von Seckau trat 1788 unter dem Ordensnamen Roman in den Benediktinerorden ein und unterrichtete ab 1803 Theologie in Salzburg, Krakau/Kraków, Prag/Praha und Wien. Ab 1821 Weltpriester, wurde er 1824 zum Fürstbischof von Seckau ernannt, dessen Sitz seit 1786 nicht mehr das obersteirische Augustiner-Chorherrenstift Seckau, sondern der Grazer Bischofshof war. Aber erst 1963 wurde der Name diesem Umstand angepasst, seither heißt die steirische Diözese „Graz-Seckau".

Zängerle gehörte dem Kreis des später heiliggesprochenen Redemptoristenpaters Clemens Maria Hofbauer an, eines entschiedenen Gegners der Aufklärung und Vertreters eines romantischen Katholizismus, der der durch die Reformen Kaiser Josephs II. verunsicherten und teilweise demolierten Kirche neue starke Impulse gab und ihre Restauration maßgeblich mitbestimmte. Als erster nicht adeliger Bischof der Steiermark seit 1633 und „zweiter großer Reformator" bemühte sich Zängerle um die kirchliche Erneuerung der Steiermark. Der bei der Bevölkerung wegen seiner Härte und Unerbittlichkeit unbeliebte Bischof forcierte Ordensansiedelungen wie die der Redemptoristen; 1832 setzte er beim Kaiser durch, dass auch die Jesuiten wieder in Graz/Gradec Fuß fassen konnten. Im Revolutionsjahr 1848 wurden beide Ordensgemeinschaften allerdings wieder aus der Stadt vertrieben.

(gs)

Roman Sebastian Zängerle (Bildausschnitt), Josef Franz Kaiser, undatiert, Lithografie, Steiermärkisches Landesarchiv

Joseph von Hammer–Purgstall, Orientalist
1774–1856

Mit seinen Nachdichtungen der mittelalterlichen orientalischen Literatur machte Hammer vor allem den persischen Dichters Hafez im Abendland bekannt und regte damit auch Goethe zu dessen Gedichtzyklus „Westöstlicher Divan" an. Er war als sogenannter „Sprachknabe" 1799 nach Konstantinopel geschickt worden und hatte sich in den folgenden Jahren tiefe Einblicke in die Kultur und Geschichte des Orients erworben. Mit seinen Schriften wurde er zum Wegbereiter der Orientalistik, sein Hauptwerk, die zehn Bände umfassende „Geschichte des Osmanischen Reiches", war bahnbrechend und ist bis heute anerkannt.

Etwas skurril mutet uns heute seine Auseinandersetzung mit Universitätsprofessor Gustav Franz Schreiner über die richtige Schreibung des Namens der Stadt an. Die Frage „Graz oder Grätz" hatte schon Jahrhunderte die Grazer Gelehrtenschaft gespalten, im nationalistischen 19. Jahrhundert war die Frage „slawisch oder deutsch" von höchster politischer Bedeutung. Als sich auch Hammer-Purgstall 1843 in einem Vortrag bei der Versammlung der Naturforscher und Ärzte im Grazer Coliseum dazu zu Wort meldete, erreichten die Wogen der Erregung sogar Wien und München. Heute ist die Antwort unumstritten: Der Name Graz leitet sich von slawisch „gradec" (kleine Burg) ab und bezieht sich auf eine mittelalterliche Burganlage auf dem Grazer Schloßberg.

(gs)

Joseph von Hammer-Purgstall (Bildausschnitt), Benedetti nach einer Zeichnung von Laurence, undatiert, Stich, **stadtmuseum**graz

1848–1918

Industrialisierung
Arbeiterschaft
Juden
Rüstung
Weltwirtschaftskrise
Modernisierung
Autonomie
Versuchsstation des Weltuntergangs
Liberalismus
Deutschnationalismus
Pensionopolis
Doppelmonarchie
Kriegsziele Deutschlands
und Österreich-Ungarns
Slawische Frage
Arbeiterbewegung
Soziale Frage

Unbekannter Arbeiter
19. Jahrhundert

Kaiser Joseph II. hatte 1781 mit der Aufhebung der Leibeigenschaft die Bauern von ihrem Sklavendasein befreit. Die aufstrebende Industrie benötigte immer mehr Arbeitskräfte, weshalb viele junge Bauern ihre Dörfer verließen. Diese Abwanderung nahm derartige Ausmaße an, dass die Regierung sie nach 1830 erfolglos durch Verbote in den Griff zu bekommen suchte. Die Unternehmer, ob Hochadelige oder Großbürger, waren noch im feudalen Denkschema gefangen, so war der Fabrikarbeiter keineswegs besser gestellt als der von seinem Grundherrn abhängige Bauer. Die 72-Stunden-Woche war obligat, die tägliche Arbeitszeit dauerte oft von fünf Uhr morgens bis acht Uhr abends, die Bezahlung war so miserabel, dass auch Frauen und Kinder arbeiten gehen mussten.

Erste kurzfristige Versuche der Grazer Arbeiterschaft, sich zu organisieren, erfolgten während des Revolutionsjahres 1848. Jedoch erst mit dem Vereins- und Versammlungsrecht 1867 war der Arbeiterbewegung ein legales Mittel zur Durchsetzung ihrer Forderungen in die Hand gegeben. Mit Hilfe von sozial gesinnten Intellektuellen begann sich das Proletariat zu artikulieren und zu organisieren. 1874 gründeten die Vertreter von zahlreichen Arbeitervereinen im damals ungarischen Lajtaszentmiklós/Neudörfl die Sozialdemokratische Arbeiterpartei Österreichs, 1888/1889 konnte bereits der erste Parteitag in Hainfeld abgehalten werden.

(gs)

Johann Puch/Janez Puh, Industrieller
1862–1914

Puch/Puh wurde in der Untersteiermark/Štajerska geboren, bildete sich in Radkersburg/Radgona, Deutschland und Graz/Gradec aus und eröffnete hier seine erste eigene Werkstatt. Mit der Produktion von Fahrrädern war er äußerst erfolgreich, bald kamen auch Motorräder und Autos dazu. Die eigene Motorenproduktion ermöglichte es dem Unternehmen, erfolgreich an Motorrad- und Autorennen teilzunehmen, auch das Luftschiff der „Renner-Brüder" war mit einem Puch-Motor ausgestattet. 1912 zog sich Johann Puch/Janez Puh aus dem Unternehmen zurück, im selben Jahr wurde es in eine Aktiengesellschaft umgewandelt.

Wie viele Betriebe, deren Produktion auf den viel größeren Wirtschaftsraum der Monarchie ausgelegt war, zogen die Folgen des Ersten Weltkrieges auch die „Puchwerke Aktiengesellschaft" arg in Mitleidenschaft. Sie fusionierte 1928 mit der „Österreichischen Daimler-Motoren AG" zur „Austro-Daimler-Puchwerke AG", und der Automobilbau in Graz/Gradec wurde eingestellt. Weiter produziert wurden jedoch Motorräder, darunter so bekannte Modelle wie die „Puch 250 S4". Die anhaltenden wirtschaftlichen Probleme in Österreich begünstigten die Konzentration auch im Bereich der Metall verarbeitenden Industrie, und 1934 erfolgte die Vereinigung mit den Steyr-Werken zur „Steyr-Daimler-Puch AG". Die Eingliederung in die nationalsozialistische Rüstungsindustrie bescherte dem Unternehmen 1941 ein riesiges neues Werk in Graz-Thondorf, von dem nach dem Zweiten Weltkrieg allerdings nicht mehr viel übrig war.
(fl)

Johann Puch/Janez Puh (Bildausschnitt), R. Martinelli, undatiert, Fotografie, stadtmuseumgraz

Johann Weitzer, Industrieller
1832–1902

1854 eröffnete der gelernte Huf- und Wagenschmied Johann Weitzer eine Schmiede in Graz/Gradec, die bald auch Fahrzeuge für den Bau des Suezkanals lieferte. Das Geschäft florierte, und die mittlerweile in „Wagen- und Waggonfabrik, Eisen- und Metallgießerei Johann Weitzer" umbenannte Firma zog in die Rosensteingasse (die heutige Waagner-Biró-Straße) in die Nähe des Bahnhofes. Neben Eisenbahnwaggons führte die Fabrik Lohngussarbeiten durch, stellte Maschinen aller Art her und engagierte sich auch im Rüstungsbereich, so ließ Weitzer 1866 als Erster in Österreich Hinterladergewehre erzeugen. 1895 zählte das Unternehmen, das nun „Grazer Wagen- und Waggonfabriksgesellschaft vormals Johann Weitzer" hieß, 1200 Mitarbeiter und produzierte neben Waggons und Lokomotiven auch Dieselmotoren und elektrische Straßenbahnen. Während des Ersten Weltkrieges beschäftigte die Firma über 4000 Mitarbeiter. Die Weltwirtschaftskrise von 1929 führte im Bereich der Metallindustrie zu Konzentrationsbewegungen, und die Fabrik fusionierte mit der „Simmeringer Maschinen- und Waggonfabrik", die Produktionsstätte in Graz/Gradec wurde mit Ausnahme der Schmiede stillgelegt. Nach dem „Anschluss" 1938 wurde die Produktion wieder aufgenommen, nun wurde mit voller Kraft für die nationalsozialistische Kriegsmaschinerie gearbeitet. Durch die Fusion mit der Wiener „Pauker Werke AG" entstand 1941 die „Simmering-Graz-Pauker AG (SGP)", die nach dem Krieg verstaatlicht wurde. Heute ist der Standort Graz/Gradec als Teil der Siemens Transportation Systems ein Kompetenzzentrum für den Fahrgestellbau im Bereich schienengebundener Nah- und Fernverkehr. (fl/gs)

Portrait Johann Weitzer (Bildausschnitt), B. Lindauer, 1870, Öl auf Leinwand, Neue Galerie am Landesmuseum Joanneum

Industrialisierung

„Dort, in Kakanien, diesem seither untergegangenen, unverstandenen Staat", schreibt Robert Musil, „gab es auch Tempo, aber nicht zuviel Tempo." Das galt vor allem für den industriellen Fortschritt, der zuerst in den Alpenländern in Gang kam. In wenigen steirischen Gebieten begann um 1850 die Industrie die Landwirtschaft langsam zu überholen. Die gesellschaftlichen Auswirkungen der Modernisierungen waren mit der Ausbildung der Arbeiterklasse und den damit verbundenen sozialen Spannungen gerade in großen Städten wie Graz/Gradec spürbar. Mit der stärkeren Konzentration der Bevölkerung in den Städten veränderten sich auch Lebensbedingungen und Wertsysteme rapide. Und in der k. u. k. (kaiserlich und königlichen) Monarchie förderte die wirtschaftliche Rückständigkeit ethnische Konflikte. Aber für einen modernen Krieg, bei dem es vor allem auf materielle Überlegenheit ankommt, war „Kakanien" denkbar schlecht gerüstet.

Kriegsziele Deutschlands und Österreich-Ungarns

Das 2. Deutsche Kaiserreich wollte von einer Kontinentalmacht zu einer Weltmacht aufsteigen. Gegen die deutsche „Weltpolitik" bildete sich 1907 aus Russland, Frankreich und Großbritannien die Triple-Entente, von der sich wiederum Deutschland „eingekreist" fühlte. Zu dessen offiziellen Kriegszielen gehörten Annexionen in Frankreich und Belgien sowie die Bildung einer deutschen Supergroßmacht in Mitteleuropa, erweitert durch angegliederte Staaten wie Serbien, Polen, Rumänien und Bulgarien. Kaiser Wilhelm II. tendierte zum Präventivkrieg, Conrad von Hötzendorf vertrat auf österreichischer Seite diese Argumentation bezüglich Serbien und Italien. In Wien hatte man nach dem „Königsmord" an Franz Ferdinand außer der Statuierung eines Kraftbeweises keine konkreten Kriegsziele. Hötzendorfs Plan einer Annexion ganz Serbiens jedenfalls hätte Ungarn wegen der Vermehrung des slawischen Elements in der Doppelmonarchie abgelehnt.

Ludwig August von Benedek, Militär
1804–1881

Der aus ungarischem Adel stammende Benedek trat 1825 in das österreichische Heer ein, in dem er durch die vielen militärischen Auseinandersetzungen begünstigt Karriere machte. Im sogenannten Deutschen Krieg zwischen Preußen und Österreich 1866 allerdings führte er als Kommandeur der Nordarmee seine Truppen bei Königgrätz/Hradec Králové in eine folgenreiche Niederlage und wurde seines Amtes enthoben. Eine kriegsrechtliche Untersuchung wurde zwar vom Kaiser niedergeschlagen, Benedek aber zog sich demoralisiert nach Graz/Gradec zurück.

Durch die theresianischen und josephinischen Reformen war aus dem früheren Hofkriegsrat mit weitreichenden Befugnissen in Graz/Gradec ein unbedeutendes Generalkommando geworden. Persönliche Anwesenheit wurde von den Amtsinhabern nicht verlangt, tatsächlich blieben die Generäle der Stadt immer öfter fern und übten ihre Pflicht nur pro forma aus. Dieser Umstand führte unter anderem dazu, dass 1809 nicht der kommandierende General von Kerpen, sondern Major Hackher von Hart die Verteidigung der Grazer Schloßbergfestung leitete. Dazu galt Graz/Gradec schon im frühen 19. Jahrhundert als eine Stadt, in der man gut und billig leben konnte, weshalb sich neben den Chefs des Generalkommandos immer mehr Offiziere und Beamte aus der ganzen Monarchie hier zur Ruhe setzten. Dies führte dazu, dass sich der Ausdruck „Pensionopolis" für Graz/Gradec einbürgerte.

(gs)

Ludwig August von Benedek (Bildausschnitt), August Prinzhofer, 1849, Lithografie, **stadtmuseum**graz

Unbekannter Soldat
18.–20. Jahrhundert

In der zweiten Hälfte des 18. Jahrhunderts kam das Infanterieregiment mit der Nummer 27, „Christoph Prinz zu Baden-Durlach", später „König der Belgier" genannt, aus den Niederlanden nach Graz/Gradec. 1771/1781 erhielt es als ständigen Werbebezirk den Grazer Kreis zugeteilt, wodurch es zum Hausregiment der Stadt und später der Steiermark wurde. Die Frage der Unterbringung der Soldaten war in Graz/Gradec weiterhin ungelöst, vor allem als Kaiserin Maria Theresia 1750 die „Quartierlast", die Einquartierung in Bürgerhäusern, aufhob. Die erste Grazer Kaserne wurde 1710 durch den Kauf eines Hauses auf dem oberen Lend geschaffen, bis 1918 sollten noch fünf weitere folgen.

Die Grazer und steirischen Soldaten des 1918 aufgelösten Regiments Nr. 27 nahmen anderen das Leben und ließen ihr eigenes in Ungarn, Serbien, Italien, Böhmen, Schlesien, Sachsen, am Oberrhein und am Main, in Schleswig-Holstein, in Bosnien-Herzegowina und auf den Schlachtfeldern des Ersten Weltkrieges. Sie haben zum Großteil heldenmütig gekämpft und ihr Bestes gegeben. Aber das taten auch die Soldaten der anderen Armeen. Den Blutzoll der Stadt Graz/Gradec möge folgende Zahl verdeutlichen: Das Grazer Hausregiment zog 1914 mit 4295 Mann an die Front. Im Laufe des Krieges verzeichnete diese Einheit 4178 Gefallene. Insgesamt bezahlten fast 20 Millionen Menschen den Irrsinn des Ersten Weltkriegs mit ihrem Leben.

(gs)

Franz Graf, Bürgermeister
1837–1921

In Linz begann die Beendigung des politischen Liberalismus durch Christlichsoziale, Sozialdemokraten und Deutschnationale. Das Linzer Programm des Jahres 1882 von Schönerer, Adler und anderen forderte „die Vereinigung aller österreichischen Länder deutscher Sprache einschließlich Böhmens und Mährens" und eine Annäherung an das Deutsche Reich, das nach Königgrätz/Hradec Králové ohne Österreich gegründet worden war.

In Graz/Gradec begann die Überzeugung, dass es sich bei der deutschen Kultur um eine höher stehende handeln würde, nach der Resignation des liberalen Bürgermeisters Wilhelm Kienzl 1885 zu dominieren. Franz Graf, der Ferdinand Portugall von 1897 bis 1912 als Bürgermeister nachfolgte, wurde schon anlässlich seiner von Paraden der Burschenschaften begleiteten Wiederwahl überregional als deutschnationaler Held gefeiert, der fast alle Parteien, die für die Badenische Sprachenverordnung waren (die eine Gleichstellung der tschechischen Sprache normierte), hinweggefegt hatte. Viele der 1800 Neubauten, die allein zwischen 1885 und 1900 errichtet wurden, sollten den „deutschen Charakter" von Graz/Gradec betonen: die Hauptpost, die Herz-Jesu-Kirche und vor allem das neue Rathaus, das aus einem den aufklärerischen Geist atmenden klassizistischen Bau ein städtebaulich auftrumpfendes Gebäude gemacht hatte, das die Renaissance deutsch deklinierte und mit den Rathausfiguren eine krude Vorstellung von der historischen Tiefe des Deutschen Reiches geben sollte.

(oh)

Franz Graf (Bildausschnitt), Leopold Bude, 1906, Fotografie, **stadtmuseum**graz

Carl Muck, Dirigent
1859–1940

Carl Muck war einer der international bedeutendsten Dirigenten der Jahrhundertwende und galt als größter Wagner-Interpret seiner Generation. In Bayreuth war Muck neben und nach Felix Mottl die führende Dirigentenpersönlichkeit. So leitete er beispielsweise die ersten drei Jahrzehnte des 20. Jahrhunderts alle Aufführungen des bis 1913 ausschließlich in Bayreuth zu Ostern gespielten Bühnenweihefestspiels „Parsifal". Diese Aufführungen waren durch die charakteristischen breiten „Bayreuther Tempi" gekennzeichnet. Muck war ab 1906 zwölf Jahre lang auch Leiter des Boston Symphony Orchestra und ab 1908 Generalmusikdirektor der Berliner Hofoper. Seine Laufbahn begann er – ohne professionelle Ausbildung – in den 1880er Jahren als Theaterkapellmeister in Zürich, Salzburg und Graz/Gradec, einem Haus intensivster Wagnerpflege von überregionaler Ausstrahlung. Hier lernte er auch den damals in Graz/Gradec lebenden, in der Wagnertradition stehenden Komponisten Wilhelm Kienzl kennen. Muck dirigierte dann 1895 in Berlin, wo er schon Kapellmeister der Hofoper war, die Uraufführung von dessen Welterfolg „Der Evangelimann". Auch der hoch musikalische Maler Wilhelm Thöny, der von sich sagte, dass es ihm „leichter war, einen späten Beethoven zu spielen, als zu malen", gehörte zum Grazer Bekanntenkreis von Carl Muck.

(oh)

Carl Muck (Bildausschnitt), Wilhelm Thöny, undatiert, Öl auf Leinwand, **stadtmuseum**graz

Slawische Frage

Als Gegengewicht zur Deutschen Nationalversammlung tagten 1848 beim 1. Slawenkongress in Prag/Praha vor allem Tschechen und Slowaken mit dem Ziel, politische Selbstbestimmung gegen die Hegemonie deutscher, magyarischer oder russischer Prägung zu erreichen. In Reaktion auf den Ausgleich 1867 zwischen Österreich und Ungarn, bei dem die slawische Bevölkerung der Monarchie auf diese beiden größten Volksgruppen aufgeteilt worden war, fand der 2. Slawenkongress in Moskau/Moskwa statt. Dort versuchte der von Russland als ideologisches Machtmittel, vor allem gegen Deutschland, aber auch gegen die eigene jüdische Bevölkerung, eingesetzte Panslawismus den österreichisch-ungarischen Dualismus um einen slawischen Reichsteil zu erweitern. Ein Anhänger dieses Trialismus, Franz Ferdinand, der sich sogar eine föderale Struktur hätte vorstellen können, fuhr 1914 nach Sarajevo, um die großserbische Propaganda zu neutralisieren.

Versuchsstation des Weltuntergangs

Die Auflösung des Deutschen Bundes lenkte Österreichs Interesse stärker nach Südosten. Aus dem nach Autonomie strebenden habsburgischen Erbland Ungarn wurde durch den Ausgleich 1867 ein faktisch unabhängiger, aber lose mit der österreichischen Reichshälfte verbundener Staat. Die neue Doppelmonarchie verschärfte durch ihre Magyarisierungspolitik die südslawische Frage, brüskierte zudem Tschechen (federführend Ministerpräsident Stürgkh, ein Grazer) und Slowaken, annektierte 1908 die osmanischen Provinzen Bosnien und Herzegowina und heizte damit den Konflikt mit Serbien und Russland an. Als Franz Ferdinand letztlich deshalb ermordet wurde, schrieb Karl Kraus, jener wollte „eine kranke Zeit wecken, daß sie nicht ihren Tod verschlafe". Und er beschrieb die Epoche als eine „des allgemeinen Menschenjammers, der in der österreichischen Versuchsstation des Weltuntergangs die Fratze des gemütlichen Siechtums annimmt".

Richard von Krafft-Ebing, Psychiater
1840–1902

Er war einer der wichtigsten Lehrer und späteren Gegner Sigmund Freuds, prägte, Bezug nehmend auf den in Graz/Gradec lebenden Sacher-Masoch, den Terminus Masochismus, entdeckte die Zusammenhänge zwischen Syphilis und Paralyse und behandelte unter anderem den Kronprinzen Rudolf. Richard Krafft-Ebings klinisch-forensische Studie „Psychopathia sexualis", 1886 erstmals auf Latein erschienen, wurde zu einem wissenschaftlichen Weltbestseller, der rasch in sieben Sprachen übersetzt wurde und allein bis zur Jahrhundertwende ein Dutzend (ständig erweiterter) Auflagen in deutscher Sprache (mit lateinischen Beschreibungen der aus Krafft-Ebings Gerichtsgutachtersicht „Abartigkeiten" des Sexus) erlebte. Freud wurde durch das reichlich ausgebreitete Material wie durch die Darstellung der Trieb-Sublimations-Funktion von Religion und Kunst angeregt. Krafft-Ebings Kritik an Freuds Arbeit über kindliche Sexualität als wissenschaftliches Märchen hat den Begründer der Psychoanalyse zutiefst und nachhaltig getroffen.

1873 kam Krafft-Ebing nach Graz/Gradec, wo er bis 1889 als Direktor der Landes-Irrenanstalt wirkte. Er arbeitete hier eng mit dem Pionier der wissenschaftlichen Verbrechensaufklärung, dem Staatsanwalt und Richter Hanns Gross, zusammen, der viele Gerichtsfälle zur „Psychopathia sexualis" beisteuerte. Krafft-Ebing starb in Maria Grün (damals) bei Graz/Gradec.
(oh)

Richard von Krafft-Ebing (Bildausschnitt), D. Lippay, 1896, Öl auf Leinwand, **stadtmuseum**graz

Johann Resel, Politiker
1861–1928

Der Schneidergeselle Resel kam nach dem sogenannten Einigungsparteitag der Sozialdemokratischen Arbeiterpartei in Hainfeld 1888/1889 nach Graz/Gradec und wurde hier zum Propagandisten und Organisator der steirischen Arbeiterbewegung. 1890 gründete er mit anderen den „Arbeiterwillen" als Parteiorgan und Mittel zur Mobilisierung der Arbeiterschaft. Johann Resel war der erste steirische Obmann der Partei, er begründete die Ortsgruppen der Natur- und der Kinderfreunde und schuf den steirischen Republikanischen Schutzbund, das sozialdemokratische Gegengewicht zu den christlich-sozialen Heimwehren und dem konservativ beherrschten Bundesheer.

Das große allgemeinpolitische Thema der Sozialdemokratie in der Endzeit der Habsburgermonarchie war neben dem Achtstundentag das allgemeine Wahlrecht. Bis 1896 waren nur Männer wahlberechtigt, die eine Mindeststeuerleistung erbrachten, was die Mehrheit der Bevölkerung von Wahlen ausschloss. Zu einem der wichtigsten Kampfmittel wurden die seit 1890 international veranstalteten Maifeiern. 1897 schaffte Resel mit Unterstützung liberal-nationaler Kräfte im Grazer Wahlsprengel ein Mandat für den Reichsrat. Nach den Wahlen im November 1899 zogen mit ihm und Josef Pongratz erstmals auch zwei Sozialdemokraten in den Grazer Gemeinderat ein. In keiner anderen österreichischen Stadt erreichte die Partei zu Zeiten der Monarchie eine so starke Position wie in Graz/Gradec.
(gs)

Katharina Pratobevera, Fachautorin
1817–1897

Weit über die nationalen und kulinarischen Grenzen hinaus bekannt wurde die „Prato" durch ihre Formulierung „Man nehme", bis heute der Inbegriff einer Kochanleitung. Pratobevera, wie sie nach ihrer ersten Ehe hieß, sammelte daheim und auf Reisen Kochrezepte und gab diese 1858 auf Drängen ihrer Freunde als Kochbuch heraus. Aber nicht ein Kochbuch wie viele andere, sondern eine praxisorientierte Anleitung auch für Anfängerinnen hatte sie im Sinn. Sie war der Meinung, dass gerade im Mittelstand immer mehr Hausfrauen selbst kochen müssten, anstatt diese Arbeit wie in der Oberschicht einer Köchin überlassen zu können.

„Die süddeutsche Küche" oder „Die große Prato", wie das Buch auch genannt wurde, erschien bis 1957 in 80 Auflagen, wurde über 500.000-mal gedruckt, in 16 Sprachen übersetzt und mehrfach bei Kochkunstausstellungen ausgezeichnet. Nach ihrem Tod gab ihre Stieftochter das Kochbuch in verkürzter Form als „Die kleine Prato" weiter heraus. Pratobevera verfasste 1873 die „Haushaltungskunde", das erste in der Habsburgermonarchie erschienene und alle häuslichen Arbeitsgebiete umfassende Fachbuch. Daneben gründete sie den Grazer Verein Volksküche, eine Mädchenarbeitsschule und mehrere Kindergärten.
(gs)

Katharina Pratobevera (Bildausschnitt), Thomas, 1846, Öl auf Malkarton, Kulturamt-Stadtarchiv Graz

1918–1934

„Anschluss"
„Drittes Reich"
Demokratie
Patriotismus
Aufklärung
Nationalsozialismus
Untersteiermark/Štajerska
Faschismen
Widerstand
„Austrofaschismus"
Ende der Ersten Republik
„Ständestaat"
Putsch
Aufstand
Anschluss und „Anschluss"
„Arisierung"
Juden
Rüstung

Martha Tausk, Politikerin
1881–1957

Die als Martha Frisch 1881 geborene Wienerin besuchte die Handelsschule und Gymnasialkurse. 1900 heiratete sie den späteren Psychoanalytiker Victor Tausk, aus dieser Verbindung gingen zwei Söhne hervor. Die Ehe wurde 1908 geschieden, Martha Tausk musste als alleinerziehende Mutter auch finanziell für sich und ihre Söhne selbst sorgen, indem sie als Buchhalterin arbeitete. Noch vor dem Ersten Weltkrieg schloss sie sich den Sozialdemokraten an und fiel bald durch ihr Redetalent auf. Sie engagierte sich für das Frauenwahlrecht, das 1918 verwirklicht werden konnte.

Von Johann Resel wurde sie im Jahr 1917 nach Graz/Gradec geholt, wo sie zunächst im Vorstand der Allgemeinen Arbeiter-Krankenkasse tätig war. Als Kämpferin für den Ausbau der Sozialversicherung konnte sie einige Verbesserungen in der Gesetzgebung für Heimarbeiterinnen und Hausgehilfinnen erwirken. Sie forderte unter anderem die Aufhebung des Eheverbotes für Frauen im öffentlichen Dienst sowie die Versicherungspflicht für Ehejahre, die wie Arbeitsjahre zählen sollten, und sie trat für die Legalisierung der Abtreibung ein. 1918 gehörte Martha Tausk als erste Sozialdemokratin der provisorischen steirischen Landesversammlung an. Im Jahr 1919 wurde sie in den steirischen Landtag gewählt, ging jedoch 1927 nach Wien zurück und wurde im darauf folgenden Jahr von Friedrich Adler in die Sozialistische Arbeiterinternationale berufen. In der Schweiz gab sie nun die Arbeiterinnenzeitung „Das Frauenrecht" heraus, kehrte im Jahr 1934 nach Österreich zurück und emigrierte nach dem „Anschluss" Österreichs an das „Dritte Reich" in die Niederlande, wo sie sich in der Flüchtlingshilfe engagierte. (ar)

Martha Tausk (Bildausschnitt), Atelier Helios, undatiert, Fotografie, Robert Jan Maarten Tausk

Vinzenz Muchitsch, Bürgermeister
1873–1942

Seine Amtszeit als Grazer Bürgermeister, 1919–1934, deckt sich exakt mit den demokratischen Jahren der Ersten Republik – zwischen liberaler bzw. deutschnationaler Stadtregierung in der Monarchie und dem ständischen Einparteienstaat Dollfuß'scher Prägung, dessen Parteienverbot sich ab Februar 1934 auch im Grazer Gemeinderat manifestierte. Die sozialdemokratische Ära Muchitsch war geprägt vom oft unzureichenden Kampf gegen die strukturelle Dauerarbeitslosigkeit und für die Erhaltung der parlamentarischen Demokratie, an deren Demontage ein Sozialistenhasser mit Verbindungen zu Industrie und Banken sowie zu vielen antidemokratischen Kräften Europas arbeitete: Landeshauptmann Dr. Anton Rintelen, dessen Amtszeit mit der Muchitschs fast ident war.

Weil er zu keiner Zeit über eine absolute Mehrheit verfügte, musste der Sohn eines Schneidergehilfen für seine am kommunalen Aufbauwerk des „Roten Wien" orientierten sozialreformistischen Maßnahmen politische Partner finden, die vielfach auch nicht die Fragen der Finanzierung lösen konnten. Die Wohnungsnot wurde durch die Bekämpfung der Spekulation mit leer stehenden Wohnungen und die Schaffung neuen Wohnraums (etwa in der Triester Straße) gelindert, die gesellschaftliche Verpflichtung zur kommunalen Sozialfürsorge wahrgenommen. Erst den Nationalsozialisten sollte gelingen, was der Langzeitbürgermeister immer angestrebt hatte: die Schaffung von Groß-Graz/Gradec, wofür er weder Mehrheiten noch die Zustimmung der Umlandgemeinden fand. (oh)

Portrait Bürgermeister Vinzenz Muchitsch (Bildausschnitt), Wilhelm Thöny, undatiert, Öl auf Leinwand, Kulturamt der Stadt Graz

Soziale Frage

Die revolutionäre Losung der „Brüderlichkeit" blieb in der industriellen Konkurrenzgesellschaft lange unerhört. Die Arbeiterschaft warf spätestens seit 1848 die soziale Frage auf und kämpfte nach dem sozialdemokratischen Gründungsparteitag von Hainfeld 1888/1889 für den Achtstundentag und das allgemeine Wahlrecht, das 1907 (für Männer) erreicht wurde. Bei Ausbruch des Weltkriegs hinderte das frühere pazifistische Bekenntnis zum Internationalismus den verbalradikalen „Austromarxismus" nicht daran, die kaiserliche Kriegspolitik zu unterstützen. Ministerpräsident Stürgkh, ein Grazer, wurde jedoch 1916 von Friedrich Adler als „Symbol des namenlosen Unglücks und des millionenfachen Todes" erschossen. Auf nationaler Ebene nach 1920 in Opposition, waren die Sozialdemokraten kommunalpolitisch oft sehr erfolgreich, so auch in Graz/Gradec, bis sie 1934 von Dollfuß verboten wurden.

Faschismen

Ob Partito Fascista, Falange, Pfeilkreuzler, Ustascha/Ustaša oder „unsere" Heimwehr – Faschismus ist mehr eine Technik der Machtergreifung und weniger eine einheitliche, gegen (fiktive) Gegner gerichtete Ideologie. In schrecklicher Vereinfachung soll die Komplexität der demokratisch-industriellen Welt gewaltsam beseitigt und der soziale Wandel rückgängig gemacht werden. Als Krisenphänomen der Wirtschaftsnot nach dem Ersten Weltkrieg ist der Nationaldiktaturstaat die autoritäre Antithese zur Aufklärung. Das „Glauben, Gehorchen, Zuschlagen" Mussolinis ist der „Freiheit, Gleichheit, Brüderlichkeit" entgegengesetzt. Staaten, die durch erfolgreiche bürgerliche Revolutionen in die Moderne eingetreten waren, erwiesen sich resistenter als jene, die bis zum Großen Krieg aller politischen Freiheiten beraubt waren.

Unbekannter Flüchtling
Erster Weltkrieg

Der anfänglichen patriotischen Begeisterung durch die Kriegserklärung Österreich-Ungarns an Serbien nach dem Attentat auf den aus Graz/Gradec gebürtigen Thronfolger Erzherzog Franz Ferdinand stand praktisch von Beginn des Krieges an eine große Zahl von Flüchtlingen gegenüber. Mit der ersten Welle kamen rund 3400 Flüchtlinge aus Galizien, darunter rund 1000 Juden. Wer es sich leisten konnte, sollte in Gasthöfen oder Wohnungen untergebracht werden; wer arm war, wurde in Barackenlager verwiesen, wie es sie beispielsweise in Wagna in der Südsteiermark gab, das rund 17.000 Personen aufnehmen konnte.

Die zweite Flüchtlingswelle ergoss sich nach dem Kriegseintritt Italiens im Mai 1915 in die Stadt, sie umfasste mehrheitlich Italiener aus dem Küstenland und aus der Stadt und der Umgebung von Triest/Trieste. Je weiter der Krieg fortschritt und je schlechter die Versorgungslage im Hinterland wurde – bereits 1915 wurden in den Städten Lebensmittelkarten eingeführt –, desto weniger wurden die Flüchtlinge als Mitbürger, Landsleute oder Leidensgenossen wahrgenommen, sondern als Konkurrenten im täglichen Überlebenskampf.

Das Kriegsende veränderte erneut die Flüchtlingsströme. Während die Italiener rasch in ihre neue alte Heimat zurückkehrten, strömten nun ausgewiesene sogenannte „Deutsche" aus der Untersteiermark/Štajerska und aus anderen Gebieten der untergegangenen Monarchie in die Stadt.

(gs)

Unbekannter Kriegsheimkehrer
Erster Weltkrieg

Eine große Bedrohung für die öffentliche Sicherheit und für die Versorgung der Bevölkerung ging nach der Einstellung der Kampfhandlungen Anfang November 1918 von den heimkehrenden Frontkämpfern aus. Allein in Graz/Gradec zählte man täglich bis zu 20.000 durchziehende Soldaten. Daher wurden in Absprache mit dem Wohlfahrtsausschuss, der bereits im Oktober provisorisch die Verwaltung des Landes übernommen hatte, überall Bürger-, Heim- und Ortswehren, in Graz/Gradec auch Arbeiterwehren und Soldatenräte aufgestellt. Aus diesen ursprünglich dem Selbstschutz dienenden paramilitärischen Verbänden bildeten die beiden großen politischen Lager, die Konservativen und die Sozialdemokraten, schließlich ihre Wehrverbände, Heimwehr und Heimatschutz auf der einen, Republikanischer Schutzbund auf der anderen Seite.

Der politische Alltag war, wie übrigens in fast ganz Europa, geprägt von Unduldsamkeit und Gewalt. Vier Jahre moderner, das heißt technisierter Krieg hatte eine ungeheure Verrohung mit sich gebracht. Es gab Tausende Männer mit langjähriger Fronterfahrung, im Töten bestens ausgebildet, arbeitslos, abgestumpft gegenüber dem Leiden anderer. Sie trafen auf aggressive und militante Bewegungen, die Mord und Totschlag für die beste Form des Verhandelns mit dem Gegner und seinen ideologischen Überzeugungen hielten, wie Stephan Vajda die Situation anschaulich nachzeichnete. Hier wurde der Nährboden für die nachfolgende Gewaltspirale gelegt.

(gs)

Leopoldine Schnepf, Lehrmädchen
bis 1920

Mit der Grenzziehung nach dem Vertrag von Saint-Germain-en-Laye 1919 verlor Graz/Gradec einen wichtigen Teil seines traditionellen „Hinterlandes". Die Südbahn, das „stählerne Rückgrat der Steiermark", führte nun über das Italien zugesprochene Kanaltal und ließ die steirische Hauptstadt links liegen, mit der Abtrennung der Untersteiermark/Štajerska waren die Kohlengruben von Trifail/Trbovlje, der wichtigste Energielieferant des Kronlandes Steiermark, an das neu geschaffene Königreich der Serben, Kroaten und Slowenen, auch SHS-Staat genannt, gefallen. Viele Lebensmittel waren nur über den Schwarzmarkt oder gar nicht zu bekommen, die Hilfsmaßnahmen der Alliierten, wie die Amerikanische Kinderhilfsaktion, konnten zumindest für Kinder und Jugendliche die ärgste Not lindern.

Schon zwei Jahre nach Kriegsbeginn hatten in Graz/Gradec die ersten Hungerdemonstrationen stattgefunden, auch nach Kriegsende kam es immer wieder zu Massenaktionen, die meist blutig endeten. Den Höhepunkt dieser Auseinandersetzungen mit der Ordnungsmacht brachte der sogenannte „Kirschenrummel" im Jahr 1920. Anfänglichen Protesten von Grazer Hausfrauen am 7. Juni gegen überhöhte Obst- und Gemüsepreise auf dem Markt am Kaiser-Josef-Platz schlossen sich immer mehr Menschen an, es kam zu Tumulten und Plünderungen. Am Murplatz, dem späteren Andreas-Hofer-Platz, schoss die Gendarmerie schließlich auf die Demonstranten, 13 Tote, darunter das Lehrmädchen Leopoldine Schnepf, blieben zurück.

(gs)

Wilhelm Thöny, Maler
1888–1949

Wilhelm Thöny war ein Künstler, an dem die Schwerpunktverlagerung der österreichischen Kunst nach dem Ersten Weltkrieg von der Metropole des Habsburgerreichs in die Provinzen einer danach sehr klein gewordenen Ersten Republik deutlich wird: Kubin in Oberösterreich, Faistauer in Salzburg, Egger-Lienz in Osttirol, Kolig und Boeckl in Kärnten, Wickenburg und Thöny in der Steiermark. Letzterer hatte von allen die geringste regionale Bindung. In München studierte er und wirkte maßgeblich an der Gründung der dortigen „Secession" mit, wie er dies später auch in Graz/Gradec tat. Ab 1931 lebte der mit einer US-Amerikanerin jüdischer Herkunft verheiratete Thöny in Frankreich, ab 1938 in New York, wo kurz vor seinem Tod rund 1000 seiner Bilder verbrannten. Graz/Gradec wollte er 1934 besuchen, „vorausgesetzt, dass die politischen Manieren besser geworden sind". Er sollte seine Geburtsstadt nie mehr wiedersehen.

Die somnambulen Bilder mit ihren, hinter einem Farbschleier schwebenden Figuren, Thönys erdabgewandte Malerei in oft düsterer Farbigkeit, gerade in seinen Grazer Sezessionsjahren, gelten denen, unter deren „Emanzipation der Rohheit" er litt, naturgemäß als „entartet". Das **stadtmuseum**graz besitzt einen Großteil seiner Frühwerke, die er als „einjährig-freiwilliger" Kriegsmaler geschaffen hatte, die Neue Galerie des Landesmuseums Joanneum zahlreiche Hauptwerke aus Thönys späteren Grazer, Pariser und New Yorker Jahren.
(oh)

Portraitbüste Wilhelm Thöny, Hans Mauracher, 1928, Bronze, Neue Galerie am Landesmuseum Joanneum

Otto Loewi, Mediziner
1873–1961

Auf gut drei Druckseiten in Pflügers „Archiv für die Gesamte Physiologie des Menschen und der Tiere" konnte Otto Loewi 1921 mitteilen, dass mit einer genial einfachen Methode der bahnbrechende Beweis erbracht war: Ein isoliertes Froschherz wird in einer Kochsalzlösung, in der bereits vorher andere bewusst angeregte Herzen lagen, durch einen Adrenalin ähnlichen chemischen Stoff, einen Neurotransmitter, stimuliert. Bis zu diesem Experiment war es herrschende Lehre, dass Impulse der Nerven an Muskeln und Drüsenzellen elektrisch erfolgen.

Zusammen mit seinem Freund Sir Henry Dale, der ebenfalls zur chemischen Nervenübertragung forschte, erhielt Otto Loewi 1936 den Nobelpreis für Physiologie und Medizin. Die Studenten des Ordinarius für Pharmakologie, der diese Position seit 1909 an der Karl-Franzens-Universität innehatte, feierten mit Loewi seinen verdienten internationalen Erfolg. Aber bereits zwei Jahre später wurde der 65-Jährige nach dem „Anschluss" Österreichs an das „Dritte Reich" im März 1938 als Jude für einige Monate inhaftiert. Die nach internationalen Interventionen erteilte Erlaubnis zu fliehen war an die Zurücklassung seines gesamten Besitzes geknüpft. Loewi wurde zudem auch gezwungen, sein gesamtes Nobelpreisgeld, das noch auf einer Bank in Stockholm lag, dem nationalsozialistischen Deutschen Reich zu überlassen.
(oh)

Otto Loewi (Bildausschnitt), Alfred Nefe nach einem Entwurf von Adalbert Pilch, 1973, Ersttagsbrief, **stadtmuseum**graz

Herbert Eichholzer, Architekt
1903–1943

„Man [darf] ihn gewiß als einen Feuergeist bezeichnen", so ein Bauherr über den Architekten Herbert Eichholzer, den konsequentsten Vertreter des „Internationalen Stils" in Graz/Gradec. Herbert Eichholzer studierte bis 1928 an der Technischen Hochschule in Graz/Gradec, reiste viel und war seit seiner Studienzeit politisch aktiv. Die Stelle als technischer Leiter einer Stahl-Fertighausfirma kündigte er 1929 nach einem Jahr, da sie „rein schöpferischer Arbeit keinen Platz ließ", und ging nach Paris zu Le Corbusier und Pierre Jeanneret, bis er 1931, trotz miserabler Auftragslage, eine Ateliergemeinschaft in Graz/Gradec gründete. Seine Bauten waren kompromisslos modern, die Operngarage in Graz/Gradec bezeichnete man als „Hotel für Autos"; es folgten Häuser am Ulrichsweg und 1932 das „Standardgorprojekt" in Moskau, für das er neue Wohnungstypen entwickelte.

Am Tag des „Anschlusses" ging er nach Paris, folgte im November dem Architekten Clemens Holzmeister nach Ankara und war in Istanbul Ansprechpartner für Mitglieder der KPÖ. 1940 kehrte er, wie auch die Architektin Margarethe Schütte-Lihotzky, nach Österreich zurück, um hier den Widerstand zu stärken. Ein Spitzel verriet ihn, 1941 wurde er verhaftet und „wegen Vorbereitung zum Hochverrat" am 7. Jänner 1943 durch das Fallbeil hingerichtet. Architektur und politisches Engagement waren für Herbert Eichholzer untrennbar verbunden, er vertrat die mutige Vision der Moderne in Verbindung mit sozialer Verantwortung. Sein Wirken zeigt aber auch die kulturelle Enge und die Schwierigkeiten der Architektur der Moderne in Graz/Gradec, viele seiner Architektenkollegen emigrierten.

(mo)

Herbert Eichholzer (Bildausschnitt), anonym, undatiert, Fotografie, **stadtmuseum**graz

Albert Kastner, Unternehmer
1883–1952

Der Sohn des Mitbegründers des Kaufhauses Kastner & Öhler trat 1910 in das seit 1883 in Graz/Gradec ansässige Unternehmen ein und wirkte in den Jahren 1912–1914 am Umbau des Kaufhauses durch den Architekten Friedrich Sigmundt und das Büro Fellner & Helmer mit. Zu Beginn der Ersten Republik folgte ihm sein Cousin Franz Öhler. Der als kunstsinnig bekannte Albert Kastner ließ sich in der Zwischenkriegszeit eine Zimmereinrichtung vom jungen Architekten Herbert Eichholzer planen. Mit dem Einmarsch der nationalsozialistischen Schergen in Österreich mussten die beiden Inhaber des Kaufhauses flüchten und leiteten bis 1941 die Niederlassung in Zagreb. Das Stammhaus in Graz/Gradec wurde 1938 den nichtjüdischen Mitgliedern der Familie übertragen und war damit „arisch". Der Name Kastner & Öhler wurde allerdings auf „Alpenlandkaufhaus" geändert. Franz Öhler wurde nach dem Einmarsch der deutschen Wehrmacht in Jugoslawien verhaftet, vor ein Volksgericht gestellt und in das Lager Buchenwald eingeliefert, wo er einen Tag nach der Befreiung verstarb. Albert Kastner lebte während des Krieges in München und Wien. 1945 kehrte er nach Graz/Gradec zurück und arbeitete am Wiederaufbau des traditionsreichen und gleichzeitig innovativen Kaufhauses mit, das bereits seit 1887 im Versandhandel tätig war und als erstes Unternehmen in Europa einen Versandkatalog verbreitete. (fl)

Albert Kastner (Bildausschnitt), Ferdinand Matthias Zerlacher, 1921, Öl auf Leinwand, Privatbesitz Graz

Fritz Silberbauer, Grafiker
1883–1974

Silberbauer, Mitinitiator der 1923 gegründeten Sezession, gehörte in den 1920er und 1930er Jahren zum geistigen und künstlerischen Zentrum der Moderne in der Steiermark. Vor allem in seinem grafischen Werk der 1920er Jahre entwickelte er eine innovative, eigenständige Formensprache. Insgesamt ist sein stilpluralistisches Werk einer eher heimatverbundenen, gemäßigten Moderne zuzurechnen, die auch in der Zeit des „Ständestaates" mit dessen Kunstauffassung in Einklang stand. Charakteristisch dafür sind seine Wandgestaltungen in Freskotechnik, die meist in einem vereinfachenden, flächigen Realismus gehalten sind, seine neusachlichen Portraits, seine teils romantischen Naturdarstellungen sowie Bilder im Stil des magischen Realismus. Ab den 1930er Jahren wandte sich Silberbauer verstärkt den Themenkreisen Traum und Unterbewusstsein zu.

Von 1928 bis 1937 unterrichtete er an der Grazer Landeskunstschule Freskomalerei. Von 1938 bis 1945 leitete er die Meisterschule für das deutsche Handwerk und deren Malabteilung. Das NSDAP-Mitglied Silberbauer wurde von den Nationalsozialisten besonders wegen seiner Wandfresken an Gebäuden geschätzt, er stellte seine Kunst jedoch nicht in den Dienst propagandistischer Zwecke. Auch hat Fritz Silberbauer stets eine vermittelnde und schützende Rolle für seine gerade noch geduldeten Kollegen eingenommen.

Das **stadtmuseum**graz besitzt einen großen Teil von Silberbauers künstlerischem Nachlass.
(ar)

Fritz Silberbauer (Bildausschnitt), Selbstportrait, 1943, Öl auf Holz, **stadtmuseum**graz

Friedrich Schmiedl, Raketenkonstrukteur
1902–1994

Er ist nicht schuld daran, dass uns heute Transkontinentalraketen, wahlweise bestückt mit konventionellen oder atomaren Gefechtsköpfen, in unfassbarer Anzahl bedrohen. Und er war nicht beteiligt – anders als Wernher von Braun – an der Vergeltungswunderwaffe „V2", die Hitler noch gegen London und Antwerpen einsetzen konnte. Friedrich Schmiedls Grundkonzept hatte sich niemals ins Militaristische verändert: Vom Ersten Weltkrieg, als er als Mittelschüler mit Feldpostraketen experimentierte, bis vor Ausbruch des Zweiten Weltkriegs verfolgte er im Wesentlichen nur eine Idee: unbemannte Flugkörper ausschließlich friedlich entweder für die Raumfahrt oder zur Beschleunigung des Postweges zu nutzen. In der Zwischenkriegszeit erregte er mit 200 Raketenversuchen im Gebiet des Schöckl sogar internationales Aufsehen. Selbst die „New York Times" und chinesische Zeitungen berichteten darüber. 1931 gelang es Schmiedl mit der ersten Postrakete, der „V7", 102 Poststücke vom Grazer Hausberg ins nahe gelegene St. Radegund, dort am Fallschirm landend, zu schießen.

Der „Raketen-Schmiedl" stellte seine Versuche noch vor dem Zweiten Weltkrieg ein, zerstörte alle Pläne und Geräte und meldete sich zum Heeresbauamt, um einer Dienstverpflichtung zum Bau von Raketenwaffen zu entgehen. Auch nach dem Krieg konnte sich Schmiedls Erfindung der Postrakete nicht als amtlich anerkanntes Beförderungsmittel durchsetzen. Niemand erhält heute noch Luftpost per Rakete.

(oh)

Friedrich Schmiedl (Bildausschnitt), Foto Gerstenberger, 2. Februar 1960, Fotografie, **stadtmuseum**graz

Das Ende der Ersten Republik

Die konservativ-völkischen Heimwehren rekrutierten sich zunächst aus kärntnerischen und steirischen Abwehrkämpfern gegen die Slowenen. Die Kampfverbände – sie trugen steirisches Weiß-Grün – hatten ab 1930 faschistische Zielsetzungen. Nach dem im September 1931 gescheiterten Pfrimer-Putsch schloss sich seine steirische Gruppe den Nationalsozialisten an. Das Ende der Demokratie war mit der (vom Dollfuß-Regime) so genannten „Selbstausschaltung des Parlaments" im März 1933, spätestens aber 1934 mit der Maiverfassung des „Ständestaates" erreicht. Die nationalsozialistische, die kommunistische und die sozialdemokratische Partei und auch der Steirische Heimatschutz wurden verboten. Vorbild und Schutzmacht dieses imitierenden Faschismus war Italien; die obrigkeitsstaatlichen Ahnen des kleinen Diktators Dollfuß heißen Metternich und Kaiser Franz Joseph. Der Große Diktator stand schon vor der Tür.

Weltwirtschaftskrisen

Weltweite Wirtschaftkrisen gibt es seit der Mitte des 19. Jahrhunderts, und sie sind seither eng mit den konjunkturellen Gesetzmäßigkeiten der international verflochtenen kapitalistischen Wirtschaft verbunden. Der Gründerkrach 1873 wie die 1929 beginnende Weltwirtschaftskrise waren abrupt abbrechende Übersteigerungen wirtschaftlicher Expansionsjahre. Ursachen beider Krisen waren unter anderem Kriegsentschädigungen: der französische Milliardensegen für Deutschland nach 1871 einerseits und andererseits die monetäre Expansion in den USA („Golden Twenties") unter anderem durch deutsche Reparationszahlungen nach 1919. Der New Yorker Börsenkrach riss viele andere Industrieländer mit sich. Agrarkrisen und extrem hohe Massenarbeitslosigkeit führten weltweit zur Gefährdung der liberalen Demokratie und begünstigten das Anwachsen radikaler Massenbewegungen. Für die Krieg führenden Nationen endete die Wirtschaftskrise 1939.

Anton Rintelen, Landeshauptmann
1876–1946

Die Karriere von Anton Rintelen ist signifikant für viele dunkle Aspekte der krisenhaften, extrem polarisierten und gewaltbereiten Zwischenkriegszeit, in der mit demokratischen Werthaltungen – bis zur Machtergreifung – nur „legalitätspolitisch" umgegangen wurde. In seinem Standardwerk zur Österreichischen Geschichte bezeichnet Ernst Hanisch Rintelen als „eine der düstersten Politikergestalten der Ersten Republik". In seinem Drang zur Machterreichung jedenfalls war er skrupellos und weltanschaulich nicht wählerisch. Rintelen übte als Christlichsozialer 1919–1926 und 1928–1933 das Amt des steirischen Landeshauptmanns aus und war zeitweise auch Unterrichtsminister. Er verfügte schon früh über beste Beziehungen zu deutschnationalen und nationalsozialistischen Kreisen sowie zu italienischen Faschisten und war ein erbitterter Feind der Sozialdemokratie.

Beim Pfrimer-Putsch des Steirischen Heimatschutzes 1931 konnte er nicht reüssieren. Nach der Ermordung von Dollfuß 1934 ließen die SS-Putschisten verkünden: „Dollfuß ist zurückgetreten. Dr. Anton Rintelen hat die Amtsgeschäfte übernommen." Dies war das vereinbarte Zeichen für den nationalsozialistischen Aufstand. Die Nazi-Wellen hatten vor allem Kärnten und die Steiermark erfasst, wo es zu blutigen Erhebungen kam, die, wie der Wiener Putsch, letztlich scheiterten. Rintelen entging durch einen scheinhaften Selbstmordversuch einer standrechtlichen Hinrichtung wegen Hochverrats und wurde zu lebenslanger Kerkerhaft verurteilt, aber schon 1938, noch vor dem „Anschluss", entlassen.
(oh)

Anton Rintelen (Bildausschnitt), Alfred Steffen, undatiert, Fotografie, Bild- und Tonarchiv am Landesmuseum Joanneum

Rambald von Steinbüchel-Rheinwall, Architekt
1902–1990

Der in Graz/Gradec aufgewachsene Architekt gewann 1930 den Wettbewerb für den Neubau der städtischen Gas-, Elektrizitäts- und Wasserwerke (heute: Grazer Stadtwerke) am Andreas-Hofer-Platz. Das Gebäude, eines der wenigen Beispiele des Neuen Bauens in Graz/Gradec, gilt als eine der österreichischen Spitzenleistungen der Zwischenkriegszeit und zählt zu den Hauptwerken des damals noch jungen Architekten.

Rambald Steinbüchel-Rheinwall hatte in München studiert und 1926 in Berlin sein Studium bei Hans Poelzig abgeschlossen. Nach einem Parisaufenthalt arbeitete er bei zwei der prominentesten Vertreter der Architekturavantgarde mit, zunächst bei Peter Behrens, danach mehrere Jahre bei Poelzig, bevor er 1930 in Berlin sein eigenes Büro eröffnete und dem Bund deutscher Architekten sowie dem Deutschen Werkbund (Vorstandsmitglied) beitrat. Von Berlin aus betreute er bis 1933 als künstlerischer Leiter die Stadtwerke-Baustelle in Graz/Gradec, wo er sich mit seinen Arbeiten auch als Mitglied der Sezession Graz/Gradec an Ausstellungen beteiligte. Ein weiterer früher Erfolg war 1931 die Errichtung eines seiner Entwürfe neben jenen von Taut, Mendelsohn und Gropius in der Berliner Bauausstellung „Sonne, Luft und Haus für Alle".

Auch nach Kriegsende hielt er lockeren Kontakt zur Grazer Architekturszene. 1949 verlegte er sein auf Hotel-, Industrie- und Wohnbau sowie die Einrichtung von Lufthansa-Reisebüros spezialisiertes Büro nach Frankfurt am Main, wo es bis heute unter der Bezeichnung SRP weiterbesteht.

(ag)

Rambald von Steinbüchel-Rheinwall (Bildausschnitt), anonym, undatiert, Fotografie, Privatbesitz Deutschland

Oktavia Aigner-Rollet, Ärztin
1877–1959

Die Tochter des berühmten Physiologen, Forschers und Universitätsprofessors an der Karl-Franzens-Universität Graz/Gradec, Alexander Rollett, besuchte von 1888 bis 1894 das Städtische Mädchen-Lyzeum in der Sackstraße. Dieses war 1873 in der heutigen Kaiserfeldgasse als erste höhere Mittelschule der Donaumonarchie für Mädchen gegründet worden, drei Jahre später musste wegen des großen Zulaufs in das Palais Khuenburg (heute **stadtmuseum**graz) umgesiedelt werden. 1900, dem Jahr, als Frauen erstmals in Österreich zum Studium der Medizin zugelassen wurden, legte sie als Externistin am damaligen k. k. I. Staatsgymnasium (heute Akademisches Gymnasium) die Matura ab. Gegen den anfänglichen Widerstand ihres Vaters begann sie im Wintersemester 1900/1901 an der Grazer Universität Medizin zu studieren. 1905 schloss Rollett das Studium mit Auszeichnung ab und wurde danach die erste berufsausübende Ärztin in der Stadt Graz/Gradec und im Land Steiermark. Im Jahr darauf trat sie eine Sekundararztstelle im privat geführten Anna-Kinderspital in der Mozartgasse an, 1907 eröffnete sie ihre eigene Praxis in der Humboldtstraße 17, bis 1915 sollte sie die einzige praktische Ärztin in Graz/Gradec bleiben. Daneben war Aigner-Rollett, mittlerweile verheiratet, auch als Lehrerin, als Schulärztin und als Anstaltsärztin tätig. Ihre Praxis war sehr beliebt bei weiblichen Patienten, während des Ersten Weltkrieges behandelte sie unbemittelte Patienten kostenlos. 1935 wurde ihr in Anerkennung ihrer Arbeit der Titel Medizinalrat verliehen.

(gs)

Oktavia Aigner-Rollett am Tage ihrer „Goldenen Promotion" neben der Büste ihres Vaters Alexander Rollett in der Aula der Universität Graz (Bildausschnitt), Austro-Bilderdienst GmbH, 9. Dezember 1955, Fotografie. Reg. R. Reinhold Aigner

1934 –1945

Demokratie
Weltwirtschaftskrise
„Austrofaschismus"
Nationalsozialismus
Untersteiermark/Štajerska
Rüstung
Widerstand
Konzentrationslager
„Drittes Reich"
„Stadt der Volkserhebung"
Vaterländische Front
Anschluss und „Anschluss"
„Endlösung"
Juden
Pogrom
Emigration
Hochverrat

Karl Maria Stepan, Landeshauptmann
1894–1972

Der Jusstudent und Kriegsfreiwillige Stepan lernte den Landeshauptmann und späteren Putschisten Anton Rintelen als Professor an der Grazer Universität kennen. Dieser machte ihn nach der Promotion 1923 zum Generalsekretär der steirischen Christlichsozialen Partei. 1928 kam es zum Zerwürfnis, Stepan zog sich vorübergehend aus der aktuellen Politik zurück und übernahm die Leitung des einflussreichen Katholischen Pressvereins. Als Gefolgsmann von Bundeskanzler Engelbert Dollfuß wurde Stepan 1934 zum Bundesleiter der neu gegründeten „Vaterländischen Front", der einzigen nun erlaubten politischen Bewegung, ernannt.

Nach der Ermordung „Millimetternichs", wie Dollfuß von Nationalsozialisten wegen seiner Größe und seiner Politik verächtlich genannt wurde, schob dessen Nachfolger Kurt Schuschnigg Stepan nach Graz/Gradec ab und machte den exponierten Vertreter des „Austrofaschismus" zum Landeshauptmann der Steiermark. Als Landeskulturreferent kümmerte er sich besonders um das heimatliche Brauchtum und pflegte enge Kontakte mit Bischof Pawlikowski sowie dem Volkskundler Viktor von Geramb. Die „Volkserhebung" im Februar 1938 und der Besuch des nationalsozialistischen Innenministers Arthur Seyß-Inquart in Graz/Gradec beendeten schließlich Stepans politische Karriere für immer. Nach der Machtübernahme Hitlers in Österreich wurde er verhaftet und ins Konzentrationslager Dachau verfrachtet. Nach der Befreiung Österreichs 1945 übernahm Stepan die Leitung des Verlags Styria und gab ab 1948 wieder die „Kleine Zeitung" heraus.

(gs)

Karl Maria Stepan (Bildausschnitt), Photo Fayer, Rakeldruck, undatiert, **stadtmuseum**graz

Armin Dadieu, Politiker
1901–1978

Der oft als „Mastermind" der „Volkserhebung" titulierte Armin Dadieu stammte wie viele führende Nationalsozialisten aus der Untersteiermark/Štajerska. Der Nationalismus des 19. Jahrhunderts hatte Grenzen in ethnische und militärische Grenzkämpfe in Volkstumskämpfe umgedeutet. Der Nationalitätenkampf eskalierte besonders im Süden der Steiermark, wo eine „deutsche" Minderheit weiterhin noch glaubte, eine mehrheitlich slowenische Bevölkerung dominieren zu können.

Nach der Ausweisung aus dem neu gegründeten südslawischen Staat 1919 übersiedelte die Familie Dadieu nach Graz/Gradec. Armin Dadieu machte zuerst Karriere als Chemiker an der Technischen Hochschule Graz/Gradec, 1932 schloss er sich den Nationalsozialisten an.

Nach dem Juliabkommen von 1936, in dem sich Bundeskanzler Schuschnigg Hitler gegenüber verpflichtet hatte, nationalsozialistisch Gesinnte in die Regierung aufzunehmen, begann Dadieus Karriere als Politiker. Als Volkspolitischer Referent der Vaterländischen Front in der Steiermark organisierte er die Kundgebungen der nationalsozialistischen „Volkserhebung" derart wirkungsvoll, dass „wir etwa drei Wochen vor dem wirklichen Anschluß praktisch das Heft in der Hand hatten", wie er kurz vor seinem Tod noch festhielt. Während des „Dritten Reiches" bestimmte der bis zum SS-Standartenführer aufgestiegene Dadieu als Gauhauptmann und Gauwirtschaftsberater maßgebend den wirtschaftspolitischen Kurs des Gaues Steiermark, so liefen zum Beispiel alle „Arisierungen" über sein Amt.

(gs)

Armin Dadieu (Bildausschnitt), Alfred Steffen, undatiert, Fotografie, Bild- und Tonarchiv am Landesmuseum Joanneum

Anschluss und „Anschluss"

Im Gegensatz zum freiwillig gewünschten Anschluss an die Weimarer Republik handelt es sich bei dem von der nationalsozialistischen Propaganda so genannten „Anschluss" um die Annexion Österreichs durch das „Dritte Reich". Die euphorische Stimmung vor allem in Graz/Gradec, das schon Wochen vor dem „Anschluss" das „Dritte Reich" ausgebrochen fühlte, ermutigte den zunächst noch zögerlichen Hitler und erleichterte den Westmächten ihre Duldung des „Anschlusses". Die nunmehrige „Ostmark" wurde nun aktiv und passiv Teil der Judenverfolgung. Mit dem „Anschluss" konnte das „Dritte Reich" seine kritische Wirtschaftslage vorübergehend überwinden und seine Aufrüstung ungebremst weiterführen. Neben der Zerschlagung der Tschechoslowakei und dem Angriff auf Polen war der „Anschluss" die erste der drei erfolgreichen Aggressionen Hitlers, die direkt in den Weltkrieg führten.

Der Nationalsozialismus

Hitlers irrationales Ideologem des politischen Verbrechens verbindet mit dem irreführenden Begriff „Nationalsozialismus" die Glorifizierung der nationalen Vergangenheit mit dem Versprechen einer revolutionären neuen Zeit. Wirtschaftliche Krisen und geringe demokratische Tradition ermöglichten die zunächst „legalitätspolitische", dann terroristische Durchsetzung wahnhafter Ideen von der Reinhaltung germanischen Blutes und der Vernichtung des Weltjudentums, die Hitler von „Mein Kampf" bis zu seinem Testament nie mehr änderte. Hitler teilte mit dem Alldeutschen Schönerer den Hass auf die „minderwertigen" Slawen, die im neuen „Lebensraum" des Ostens zu versklaven seien. Die NSDAP (Hitlerbewegung), wie sie in Österreich seit 1926 hieß, hatte in der Steiermark einen überproportional hohen Anteil.

Ferdinand Stanislaus Pawlikowski, Bischof
1877–1956

Der letzte Fürstbischof Österreichs – er hatte als einziger Bischof nach dem Untergang der Donaumonarchie bis zu seinem Rücktritt 1953 an diesem Titel festgehalten – wurde 1908 zum Militärkurator von Bozen/Bolzano ernannt und stieg in der Ersten Republik zum obersten Militärseelsorger Österreichs im Generalsrang auf.

1927 wurde er zum Bischof der Diözese Seckau geweiht. Ein wichtiges Anliegen des neuen Amtsinhabers war es, die katholischen Vereine stärker als zuvor unter einem übergeordneten Dachverband zu organisieren. Dafür gründete er in seiner Diözese 1928 die Katholische Aktion, der er 1934 eine der Ideologie des „Ständestaates" entsprechende Struktur gab. Den Grazer Theologen, Pazifisten und Lebensreformer Johannes Ude belegte Pawlikowski mit Berufsverbot, da sich jener nicht der Politik, des Priesterkanzlers Ignaz Seipel, des „Prälaten ohne Milde", unterordnen wollte.

Am 13. März 1938, dem Tag des „Anschlusses" an das „Dritte Reich", wurde Pawlikowsky, ein prononcierter Anhänger des nun abgelösten „austrofaschistischen" Regimes, als einziger Bischof Österreichs von SA-Männern verhaftet und für einen Tag eingesperrt. Auch die Tatsache, dass sich der Bischof der feierlichen Erklärung des österreichischen Episkopates vom 18. März 1938 anschloss, in der der nationalsozialistischen Bewegung die „besten Segenswünsche" mitgegeben und zum Ja in der Volksabstimmung aufgerufen wurde, änderte nichts mehr an seiner Kaltstellung durch die neuen Machthaber. (gs)

Ferdinand Stanislaus Pawlikowski (Bildausschnitt), Söhne Knozer's, undatiert, Fotografie, Steiermärkisches Landesarchiv

Heinz Reichenfelser, Grafiker
1901–1969

Als Absolvent mit Lehrbefähigung für das Schriftfach verließ der Maler und Grafiker Heinz Reichenfelser 1923 die Kunstgewerbeschule in Wien und war ab 1924 in Graz/Gradec tätig. In der Zwischenkriegszeit machte er sich mit seinen reduzierten, trotzdem narrativen, präzise großflächig komponierten Plakaten, in denen Schrift zum wesentlichen Gestaltungselement wurde, einen Namen. Er war Leiter der Werbeabteilung des Kaufhauses Kastner & Öhler. Durch den ersten Preis im Milchpropaganda-Wettbewerb, in dessen Jury Wilhelm Thöny saß, kam Heinz Reichenfelser zur Grazer Sezession. 1936 wurde ihm der Österreichische Staatspreis verliehen. Unmittelbar nach der Machtübernahme der Nationalsozialisten wurde Reichenfelser zum kommissarischen Leiter der Sezession ernannt und mit deren Auflösung beauftragt. Im Juli 1938 plante er zusammen mit Hans Zisser die bis ins kleinste Detail inszenierte Feier zum Gedenken an die beim Putsch gegen Dollfuß getöteten Nationalsozialisten. Während des „Dritten Reiches" war Reichenfelser, ein Angehöriger der Waffen-SS, Professor für Gebrauchsgrafik an der Meisterschule des deutschen Handwerks in Graz/Gradec. Mit Hans Stockbauer gestaltete er den noch heute im Rathaus unter anderem Namen präsentierten großformatigen Gobelin-Entwurf mit dem ursprünglichen Titel „Graz – Stadt der Volkserhebung, Bollwerk gegen den Südosten", der den Kampf um das Deutschtum im Grenzland thematisiert. Nach der Befreiung durch die Alliierten wurde Reichenfelser im Lager Glasenbach interniert. Er war Mitbegründer der freiheitlichen „Aula" und illustrierte Bücher des Leopold Stocker Verlages. Ab 1953 leitete er die Werbeabteilung der Brauerei Reininghaus. (kg)

Heinz Reichenfelser (Bildausschnitt), anonym (Alfred Steffen?), Jänner 1941, Fotografie, Bild- und Tonarchiv am Landesmuseum Joanneum

Ida Sofia Maly, Malerin
1894–1941

Die Malerin und Grafikerin Ida Sofia Maly wuchs in Graz/Gradec auf und besuchte die Landeskunstschule, später setzte sie ihre Studien in Wien, München und Paris fort. Prägende Eindrücke erhielt sie im München der Räteregierung nach dem Ende des Ersten Weltkriegs, wo sie im Kreis um die Witwe Frank Wedekinds verkehrte. Es gelang ihr zunächst, ihren Lebensunterhalt als Malerin zu bestreiten. Doch nach der Geburt ihrer Tochter Elga 1921 gerieten ihr Freiheitsdrang und ihre emanzipatorischen Ziele zusehends in Konflikt mit ihren Aufgaben als alleinerziehende Mutter. Aufgrund ihrer sich zunehmend verschlechternden existenziellen Situation war sie 1923 gezwungen, ihr Kind zur Adoption freizugeben. Kurze Zeit später erkrankte sie psychisch und kehrte nach Graz/Gradec zurück. 1928 wurde sie erstmals in das psychiatrische Krankenhaus „Am Feldhof" in Graz/Gradec eingewiesen, später erfolgte eine Verlegung in den „Steinhof" nach Wien. Während dieser Zeit entstand ein formal und inhaltlich einzigartiges Werk, das nicht nur als Statement zu ihrer eigenen Situation zu lesen ist, sondern auch die politischen Verhältnisse widerspiegelt. Nach dem „Anschluss" Österreichs an das „Dritte Reich" 1938 wurden Kunstwerke wie die Ida Malys als „entartet" diffamiert. Als moderne Künstlerin, die noch dazu unter einer psychischen Krankheit litt, war Ida Maly doppelt gefährdet, in der Zeit des „Dritten Reiches" wurde unter der Parole „Ausmerzung unwerten Lebens" Massenmord an behinderten Menschen und psychiatrischen Patienten. So wurde auch Ida Maly 1941 im Rahmen des „Euthanasie-Programms" selektiert und in der Vernichtungsanstalt Hartheim bei Linz ermordet.
(ar)

Ida Sofia Maly, Selbstportait „Trübe Ahnungen" (Bildausschnitt), Aquarell und Tinte auf Transparentpapier, 1928, Privatbesitz Graz

„Arisierer"
20. Jahrhundert

Mit der Machtübernahme der Nationalsozialisten im März 1938 erlebte Österreich einen Transfer von Vermögen und Eigentum, wie es ihn noch nie in der Geschichte des Landes gegeben hatte. Das nationalsozialistische Konzept sah vor, mittels Liquidierungen und „Arisierungen" unliebsame Konkurrenten auszuschalten und neue wirtschaftliche Konzentrationen zu schaffen. Den Juden sollte die wirtschaftliche Lebensgrundlage entzogen und sie unter Zurücklassung ihres Vermögens und gegen Bezahlung einer Reichsfluchtsteuer zur Auswanderung gezwungen werden.

Österreichweit wurde allerdings nur ein geringer Teil der als „jüdisch" klassifizierten Betriebe „arisiert", ein Fünftel wurde bereits im Verlauf des „Anschlusses" zerstört oder aufgelöst, von den verbliebenen Unternehmungen wurden über 80 Prozent liquidiert. Nach einer kurzen Phase der „wilden Arisierungen und Beschlagnahmungen" durch selbst ernannte „kommissarische Verwalter" übernahm die ab April 1938 in Graz/Gradec eingerichtete Vermögensverkehrsstelle die „legale Arisierung" jüdischer Betriebe und Wohnungen. Nach dem Novemberpogrom 1938 wurden die behördlichen Schikanen fortgesetzt, Schmuck und Edelmetall mussten abgeliefert werden, viele Juden wurden aus ihren Wohnungen vertrieben. Der totalen ökonomischen Ausbeutung folgte die „Endlösung". Wer noch nicht geflohen war, wurde deportiert und ausgelöscht.

Bereits Mitte 1940 waren die letzten Grazer Juden nach Wien übersiedelt worden, die „Stadt der Volkserhebung" konnte sich wieder einmal für „judenrein" erklären.

(gs)

David Herzog, Rabbiner
1869–1946/1947

„Was in einer einzigen Nacht von einer Schar Fanatiker zerstört wurde, hatte einst viele Mühe und Opfer gekostet, es aufzubauen", heißt es in der Gedenkschrift der Israelitischen Kultusgemeinde in Graz/Gradec zum Bedenkjahr 1988. Die alte Synagoge war das Lebenswerk Samuel Mühsams, des ersten Rabbiners der 1869 nach fast 350 Jahren Judensperre wieder gegründeten Grazer jüdischen Gemeinde. Am 14. September 1892, zum jüdischen Neujahr, konnte der Backstein-Kuppelbau, dessen Konzeption letztlich auf die von Gottfried Semper in Dresden erbaute Synagoge zurückging, feierlich eröffnet werden. Nur 46 Jahre später ging sie in der sogenannten „Reichskristallnacht", der verharmlosenden Umschreibung einer organisierten Massenausschreitung im ganzen „Dritten Reich", in Flammen auf, gelegt von fanatischen SA- und SS-Männern.

Unter den Opfern dieses Pogroms war auch David Herzog, der 1907 als Landesrabbiner für Steiermark, Kärnten und Krain/Kranjska nach Graz/Gradec berufen worden war. SS-Männer zerrten ihn aus seiner Wohnung, verprügelten ihn, warfen ihn in die Mur, misshandelten ihn bei der brennenden Zeremonienhalle des jüdischen Friedhofs in Wetzelsdorf schwer und ließen ihn schließlich auf freiem Feld zurück. Dabei hatte er, im Gegensatz zu so vielen anderen rassisch Verfolgten, noch Glück. Nachdem er als Professor für semitische Sprachen von der Universität Graz/Gradec verwiesen worden war, konnte er nach England emigrieren, wo er kurz nach Kriegsende starb.

(gs)

Viktor Czerweny von Arland der Ältere, Industrieller 1877–1956
Viktor Czerweny von Arland der Jüngere, Industrieller 1905–1957

Czerweny von Arland der Ältere wurde in eine klassische Industriellen-Familie des 19. Jahrhunderts hineingeboren. Sein Großvater Florian Pojatzi hatte die Zündholzfabriken Pojatzi in Stainz und Deutschlandsberg gegründet, und sein Vater Franz Czerweny von Arland formte daraus die SOLO-Zündwaren- und Wichsefabriken AG, eines der größten Unternehmen der österreichisch-ungarischen Monarchie zur Erzeugung von Sicherheitszündern. Die Familie verfügte auch über einen beachtlichen Erfindergeist: Viktor der Ältere entwickelte mit seinem Bruder Robert den ersten Zündholzautomaten (aufbewahrt im Technischen Museum in Wien), sein Sohn Viktor der Jüngere konstruierte eine neue Art von Kartonschachtelmaschine.

1939 erwarb die Familie Czerweny den Großteil der Aktien der „Brüder Kranz Papierfabriken AG", die durch die Weltwirtschaftskrise in schwere Turbulenzen geraten war. 1941, dem Jahr des Überfalls auf die Sowjetunion, verdreifachte das Hitler-Regime die Zahl der steirischen Rüstungsbetriebe, auch die Papierproduktion in Andritz sollte der Erzeugung von Rüstungsgütern weichen. Viktor Czerweny von Arland dem Jüngeren, der 1939 die Leitung der Fabrik übernommen hatte, gelang es jedoch, die Umwandlung zu verhindern und die Papiererzeugung auch während des Krieges aufrechtzuerhalten. Durch Kredite aus dem Marshall-Plan wurde die Arlander Papierfabrik nach dem Ende des Krieges großzügig ausgebaut, bevor sie 1990 endgültig stillgelegt wurde. (fl/gs)

Doppelportrait Vater und Sohn Czerweny (Bildausschnitt), Fritz Silberbauer, 1950, Öl auf Leinwand, **stadtmuseum**graz

Unbekannte KZ-Insassin
1940er Jahre

Es waren die kolonialistischen Spanier, die den Begriff Ende des 19. Jahrhunderts in ihrem Krieg gegen die kubanische Unabhängigkeit erstmals verwendeten. Die ersten Internierungslager auf dem Gebiet des heutigen Österreich entstanden während des Ersten Weltkrieges im Burgenland und in der Steiermark. Als Abschreckung gedachter Terror regierte schon von der ersten Kriegstagen an, in Serbien und noch mehr in der Bukowina und in Galizien. Dort allerdings richtete er sich auch gegen die eigene Bevölkerung. Die Armeeführung verdächtigte die Ruthenen, russenfreundlich zu sein, daher wurden sie deportiert und unter anderen in das Internierungslager in Graz-Thalerhof gebracht, wo viele von ihnen wegen der verheerenden hygienischen Bedingungen qualvoll ums Leben kamen. Es blieb aber der nationalsozialistischen Ideologie überlassen, die alle menschliche Vorstellungskraft übersteigenden industriellen Massenvernichtungslager des „Dritten Reiches" zu schaffen.

Anfang der 1940er Jahre begann das größte österreichische Konzentrationslager in Mauthausen Nebenlager auch in der Steiermark zu errichten, darunter die Lager in Peggau und in Aflenz bei Leibnitz mit zusammen über 1000 Häftlingen, vor allem Russen, Polen und Spanier. Sie dienten als Arbeitssklaven für das nach Kriegsbeginn neu errichtete Steyr-Daimler-Puch-Werk in Graz-Thondorf, das als drittgrößtes Rüstungsunternehmen Österreichs vornehmlich Getriebe, Flugzeugmotoren und Kettenfahrzeuge herstellte.

(gs)

Unbekannte Rüstungsarbeiterin
1940er Jahre

Als eine der ersten Maßnahmen nach dem „Anschluss" sicherte sich das Oberkommando der Wehrmacht den Zugriff auf die wichtigsten Grazer Industriebetriebe. Allen voran wurden Maschinen-, Metall- und Fahrzeugbau-Betriebe wie die Maschinenfabrik Andritz, die Weitzer Waggonfabrik, Steyr-Daimler-Puch, aber auch Leder- und Textilfabriken wie Rieckh, Bieber und Sattler in die deutsche Rüstungsindustrie einbezogen. Deren vehementer Ausbau hatte fatale Folgen für die privaten Klein- und Mittelbetriebe. Durch die Absaugung von Arbeitskräften und Investitionskapital blieben für die Entwicklung des mittleren Sektors keine Ressourcen übrig. Bis 1944 produzierten insgesamt 59 Grazer Firmen als „Rüstungsbetriebe" für den militärischen Bereich. Die Steyr-Daimler-Puch AG – die Teil der „Hermann-Göring-Werke" war –, die Maschinenfabrik Andritz und die Weitzer Waggonfabrik gehörten zu den größten Rüstungsbetrieben in der „Ostmark".

Die Ideologie der „Herrenmenschen" manifestierte sich auch in der Wirtschaft. Arbeit wurde hierarchisch strukturiert und führte zur Herrschaft der „Arier" über „Nichtarier", von Deutschen über Nichtdeutsche, von Kriminellen über politisch und rassisch Verfolgte. Etwa ein Drittel der Beschäftigten in den Rüstungsbetrieben waren entweder ausländische Zwangsarbeiter oder Kriegsgefangene, die bis zur körperlichen Auslöschung ausgebeutet wurden.
(fl)

Gen. Zach Richard
† hg. 27. 1. 1943
Er kämpfte für die Einigung der Werktätigen Österreichs und um ihre Befreiung vom faschistischen Joch

Antifaschistische Volkssolidarität

Richard Zach, Dichter
1919–1943

Richard Zach stammte aus einer Grazer Arbeiterfamilie. Nach der Absolvierung von Volks- und Hauptschule besuchte er die Bundeslehrerbildungsanstalt am Hasnerplatz (1934–1938). In der Zeit des „Austrofaschismus" gründete Richard Zach marxistisch orientierte Jugendgruppen, nach dem „Anschluss" leistete er politischen Widerstand gegen den Nationalsozialismus. In der Verhaftungswelle 1941 wurde auch Richard Zach festgenommen, 1942 wurde er wegen „Hochverrat" und „dem Versuch der Lostrennung eines zum Reiche gehörigen Gebietes" zum Tode verurteilt und 1943 in Berlin-Brandenburg hingerichtet.

Während seiner Haft entstanden rund 200 Gedichte, die Verwandte und Bekannte in die Außenwelt schmuggelten. Weitere 600 Gedichte entstanden mit „Schreiberlaubnis" der Nationalsozialisten. Neben den Gedichten soll – laut Elfriede Neuhold, einer engen Vertrauten des Dichters – Zach auch an einem Roman geschrieben haben. Dieser sei allerdings von den Nazis beschlagnahmt worden und ist seitdem verschollen. Die Lyrik Zachs reicht von Natur- und Liebesgedichten über Pamphlete hin zu hymnisch anmutenden Lobgesängen auf das Leben und philosophischen Gedichten. Durchgehendes Motiv ist das Blind-, Taub- und Lahmsein, welches Zach mit der Aufforderung zum Schauen, Hören und Tätigsein verbindet. Formal spielte und experimentierte er mit der Sprache, er probierte verschiedene Formen der Vers-, Reim- und Rhythmusgestaltung.
(ak/gs)

Richard Zach (Bildausschnitt), anonym, undatiert, gedrucktes Sterbebild, Dokumentationsarchiv des Österreichischen Widerstandes

Erwin Schrödinger, Atomphysiker
1887–1961

1936 war Österreich alles, nur keine Demokratie. Dennoch war es (auch) Ziel von Exilanten, die nach Hitlers Machtergreifung aus dem „Dritten Reich" flohen. Den aus Wien stammenden Atomphysiker Erwin Schrödinger, der sich als liberaler Nichtjude dem Exodus der jüdischen Fachkollegen anschloss, erreichte in Oxford eine Einladung der alten Heimat. Nach vielen Bedenken und langen Überlegungen überwog das Heimweh, und er entschied sich, die Berufung nach Graz/Gradec 1936 anzunehmen. Die Nazis aber hatten dem Nobelpreisträger den freiwilligen Abgang 1933 aus Berlin nicht verziehen, sodass Schrödinger nach weniger als zwei Jahren, im September 1938, aus Graz/Gradec fliehen musste.

Schrödingers bahnbrechender Beitrag zur Atomphysik ist die mathematische Verallgemeinerung des scheinbaren Widerspruchs der Doppelnatur des Elektrons als Teilchen und als Wellenbewegung. Er bewies mathematisch, dass jedes bewegte materielle Objekt, ob Elektron oder Kraftfahrzeug, zugleich eine Wellenbewegung darstellt. Er beschrieb die Materie durch seine fundamentale Schrödinger-Gleichung von 1926 und zeigte damit unter anderem, dass die damit errechneten Eigenschwingungen des Wasserstoffsystems mit den beobachtbaren stationären Zuständen übereinstimmen. Statt der von Schrödinger vertretenen realistisch-deterministischen Deutung der Materiewellen setzte sich aber die Wahrscheinlichkeitsdeutung von Max Born (der ebenfalls 1933 emigrierte) durch. (oh)

Erwin Schrödinger (Bildausschnitt), Robert Kalina, 1955, Entwurf für die 1000-Schilling-Banknote, Geldmuseum der Oesterreichischen Nationalbank

Julius Kaspar, Bürgermeister
1888–1945

Wer war der Oberbürgermeister der „Gauhauptstadt" Julius Kaspar? – Eine politische Marionette der einmarschierten Nationalsozialisten, ein „gemäßigtes" Mitglied der NSDAP, ein vernünftiger Kommunalpolitiker, der den seit 1891 existierenden Plan der Eingemeindungen endlich durchführte, der geschickt staatliches Geld in die „Stadt der Volkserhebung" umgeleitet hatte, der in dunkler Zeit hellsichtig aus dem nunmehrigen Groß-Graz/Gradec eine Fremdenverkehrs- und Kongressstadt machen wollte, der zuletzt noch heldenhaft die Sprengung der Hauptbrücke verhinderte? Oder war der SS-Obersturmführer, der die „Blutzeugen der Bewegung" des Juliputschs gegen Dollfuß mit dem Sieges-Obelisken und der Inschrift „Und ihr habt doch gesiegt" feierte, ein ganz gewöhnlicher politischer Verbrecher, der die „Stadt der Volkserhebung" im Frühjahr 1940 für „judenfrei" erklärte und, „durch Vertrauen von Partei und Staat in das Amt berufen", am Vernichtungswerk des braunen Terrors maßgeblich mitgewirkt hat?

Die „Stunde null" war jedenfalls seine letzte: Am Tag nach seiner Ablösung durch demokratische Kräfte am 8. Mai 1945 wurde der aus Graz/Gradec geflohene Julius Kaspar von bis heute unbekannten Tätern erschossen. Hatte sich die Banalität des Bösen so unauffällig in die höchste Position der „Gauhauptstadt" schleichen können, dass der Frage nach dem politischen Glück und geheimnisvollen Ende des Oberbürgermeisters noch niemand im Detail nachgegangen ist?
(oh)

Julius Kaspar (Bildausschnitt), Alfred Steffen, 1938, Fotografie, Bild- und Tonarchiv am Landesmuseum Joanneum

Verzeichnis der Autoren und Autorinnen

(oh) Otto Hochreiter lehrte u. a. an der TU Innsbruck („Der Raum in der Gegenwartskunst") sowie an der Universität Karlsruhe. Verfasste u. a.: „Lexikon zur Geschichte der Fotografie in Österreich"; „Im Zeichen des Janus"; „Bauten, Blicke. Europäische Architekturfotografien". Seit 2005 Direktor des **stadtmuseum**graz.

(gs) Gerhard Schwarz, geb. 1958, Dr. phil., studierte Geschichte und Romanistik an den Universitäten Salzburg und Graz/Gradec, Ausstellungs- und Museumsdesign an der FH Joanneum in Graz/Gradec. Seit 2006 am **stadtmuseum**graz.

(fl) Franz Leitgeb, geb. 1955, Dr. phil., studierte Geschichte und Germanistik an der Universität Graz/Gradec. Schwerpunkt Wirtschafts- und Technikgeschichte. Leiter der Sammlung des **stadtmuseum**graz. Seit 1991 am **stadtmuseum**graz.

(ub) Ulrich Becker, geb. 1960, Dr. phil., studierte Kunstgeschichte, Archäologie und Germanistik in Bonn. Seit März 2004 Leiter der Alten Galerie am Landesmuseum Joanneum, Neukonzeption der Alten Galerie anlässlich der Übersiedlung nach Schloss Eggenberg.

(ar) Annette Rainer, geb. 1970, Mag. phil., studierte Kunstgeschichte an der Universität in Graz/Gradec und bildnerische Erziehung an der Pädagogischen Akademie der Diözese Graz-Seckau. Seit 2002 am **stadtmuseum**graz.

(mo) Margareth Otti, geb. 1974, DI, studierte Architektur an der TU Graz/Gradec und am ISA Cambre, Scénographie an der Ecole des Beaux Arts La Cambre, Brüssel, 2001 Masterclass am Berlage Institute, Rotterdam. Kultur- und Ausstellungsproduzentin. Seit 2005 am **stadtmuseum**graz.

(ak) Annette Kravanja, Mag. phil., studierte Germanistik und Angewandte Kulturwissenschaften in Graz/Gradec und Salzburg. Seit 2007 am **stadtmuseum**graz.

(kg) Katharina Gabalier, geb. 1974, Mag. phil., studierte Kunstgeschichte und Kulturmanagement an der Universität in Graz/Gradec, Ausstellungs- und Museumsdesign an der FH Joanneum in Graz/Gradec. Seit 2006 am **stadtmuseum**graz.

(ag) Antje Senarclens de Grancy, Dr. phil., studierte Kunstgeschichte in Graz/Gradec, Wien und Paris. Freiberufliche Ausstellungskuratorin und Publizistin. Schwerpunkte: Architektur und Gesellschaft, moderne Architektur in Zentraleuropa. Zahlreiche Publikationen zur Architektur des 20. Jahrhunderts in Graz/Gradec.

(pp) Paul Pechmann, geb. 1964, Literaturwissenschaftler und -kritiker, Lektor beim Ritter Verlag (Klagenfurt–Wien), Lehraufträge an der Karl-Franzens-Universität Graz/Gradec, Herausgeber und Verfasser zahlreicher Publikationen zur österreichischen Gegenwartsliteratur.

Verwendete Literatur

Achleitner, Friedrich: Österreichische Architektur im 20. Jahrhundert, Bd. 2: Kärnten. Steiermark. Burgenland, Salzburg 1983

aeiou – das kulturinformationssystem, http://aeiou.iicm.tugraz.at/, zuletzt aufgerufen am 31. März 2008

Amon, Karl: Die Bischöfe von Graz-Seckau 1218–1968, Graz–Wien–Köln 1967

Amon, Karl / Liebman,0 Maximilian (Hg.): Kirchengeschichte der Steiermark, Graz 1993

Andreas Baumkircher und seine Zeit. Symposionsband, hrsg. vom Burgenländischen Landesmuseum Eisenstadt, Eisenstadt 1983

Baader, Hannah: Anonym: „Sua cuique persona". Maske, Rolle, Porträt (um 1520), in: Preimesberger, Baader, Suthor (Hg.): Porträt, Berlin 1999, S. 239–246

Barudio, Günter: Das Zeitalter des Absolutismus und der Aufklärung 1648–1779, Frankfurt am Main 2003 (= Fischer Weltgeschichte Bde. 25–26)

Basil, Otto: Johann Nestroy, Reinbeck bei Hamburg, 1967 (rowohlts monographien 132)

Bauer, Ilse: Georg Hauberrisser der Ältere 1791–1875. Phil. Diss., Graz 1989

Behr, Bettina / Wieser, Ilse (Hg.): Woment. Eine Würdigung der Grazer Frauen Stadt Geschichte, Innsbruck 2004

Berger, Peter: Kurze Geschichte Österreichs im 20. Jahrhundert, Wien 2007

Breuss, Susanne / Liebhart, Karin / Pribersky, Andreas: Inszenierungen. Stichwörter zu Österreich, Wien 1995 (2. Auflage)

Brucher, Günther: Die barocke Deckenmalerei in der Steiermark. Versuch einer Entwicklungsgeschichte, Graz 1973

Brunner, Walter (Hg.): Geschichte der Stadt Graz, 4 Bde., Graz 2003

Burckhardt, Jacob: Das Individuum und das Allgemeine, in: Weltgeschichtliche Betrachtungen (1870), in: J. B.: Das Geschichtswerk. Bd. 1, Frankfurt am Main 2007

Chorherr, Thomas (Hg.): 1938-Anatomie eines Jahres, Wien 1987

Das neue Lexikon der Musik in vier Bänden, Stuttgart-Weimar 1996

Deleuze, Gilles / Guattari, Félix: Tausend Plateaus, Berlin 1992

Deutsches Literaturlexikon. Biographisches und bibliographisches Handbuch. Das 20. Jahrhundert. Hrsg. v. Konrad Feilchenfeld, München und Zürich 2005

Die Grazer Burg, hrsg. von der Steiermärkischen Landesdruckerei, Graz 1993

Dienes, Gerhard M. (Hg.): Die Kunst des Banalen. Austellungsbegleitband Grazer Stadtmuseum, Graz 1997

Dienes, Gerhard M. / Kubinzky, Karl A. (Hg.): Jakomini. Geschichte und Alltag. Graz o. J.

Dienes, Gerhard M. / Kubinzky, Karl A. (Hg.): St. Peter. Geschichte und Alltag, Graz 1993

Deutsche Menschen. Eine Folge von Briefen. Auswahl und Einleitung von Walter Benjamin. Nachwort von Theodor W. Adorno. Mit 51 Porträts, Frankfurt am Main 1989

Dorfer, Brigitte: Die Lebensreise der Martha Tausk. Sozialdemokratie und Frauenrechte im Brennpunkt, Innsbruck 2008

Ecker, Dietrich: Herbert Eichholzer, Architekt (1903–1943), Graz 2004

Eisenhut, Günter / Weibel, Peter (Hg.): Moderne in dunkler Zeit. Widerstand, Verfolgung und Exil steirischer Künstlerinnen und Künstler 1933–1948, Graz 2001

Febvre, Lucien: Das Gewissen des Historikers, Berlin 1988

Fehrenbach, Elisabeth: Vom Ancien Régime zum Wiener Kongress, München 2001 (4. Auflage)

Fenz, Werner: Die Steiermark im 20. Jahrhundert: Kunst zwischen 1938 und 1999. http://www-gewi.uni-graz.at/staff/fenz/texte/stmk_kunstvolltext.html, zuletzt aufgerufen am 31. März 2008

Fleischmann, Krista: Das steirische Berufstheater im 18. Jahrhundert, Wien 1974

Gabler Wirtschafts-Lexikon, Wiesbaden 1988 (12. Auflage)

Gall, Lothar: Europa auf dem Weg in die Moderne 1850–1890, München 2004 (4. Auflage)

Geiss, Imanuel: Geschichte griffbereit. Epochen, Daten, Personen, Schauplätze, Begriffe, Staaten. 6 Bde., Dortmund 1993

Geschichte der Juden in Südost-Österreich, hrsg. von der Israelitischen Kultusgemeinde für Steiermark, Kärnten und die politischen Bezirke des Burgenlandes Oberwart, Güssing und Jennersdorf, Graz 1988

Görlitz, Axel (Hg.): Handlexikon zur Politikwissenschaft. 2 Bde., Reinbeck bei Hamburg 1973

Graz als Residenz. Innerösterreich 1564–1619. Kulturhistorische Ausstellung, Grazer Burg, 06. Mai-30. September 1964

Halbrainer, Heimo (Hg): Herbert Eichholzer 1903–1943, Architektur und Widerstand, Katalog zur Ausstellung, Graz 1999

Halbrainer, Heimo: „In der Gewissheit, dass ihr den Kampf weiterführen werdet", Graz 2000

Hanisch, Ernst: Der lange Schatten des Staates. Österreichische Gesellschaftsgeschichte im 20. Jahrhundert, Wien 1994

Hautmann, Hans / Kropf, Rudolf: Die österreichische Arbeiterbewegung vom Vormärz bis 1945. Sozialökonomische Ursprünge ihrer Ideologie und Politik, Wien 1976

Hengl, Martina: Renaissance und Gegenreformation, Wien 2003

Hildebrand, Klaus: Das Dritte Reich, München 2003 (6. Auflage)

Historisches Jahrbuch der Stadt Graz, Graz 1968 ff.

Hochreiter, Otto (Hg.): Johann Bernhard Fischer von Erlach 1656-2006. Eine Ausstellung gestaltet VON SPLITTERWERK. Ausstellungskatalog **stadtmuseum**graz, Graz 2006

Hofmannsthal, Hugo von: Ausgewählte Werke in zwei Bänden. Hrsg. von Rudolf Hirsch, Frankfurt am Main 1957

Höller, Hans: unveröffentlichtes Typoskript, o. J.

Holler-Schuster, Günther (Hg.): Ida Maly (1894–1941). Eine Außenseiterin der Moderne. Publikation zur Ausstellung in der Neuen Galerie am Landesmuseum Joanneum vom 22. Juli–18. September 2005

Ilwof, Franz / Peters, Karl F.: Graz. Geschichte und Topographie der Stadt und ihrer Umgebung, Graz 1875

Johnston, William M.: The Austrian Mind. An intellectual and social history 1848–1938, Berkeley 1972

Jontes, Günther: Die Grüne, die Eherne Mark. Eine kurze Fassung der langen Geschichte der Steiermark, Trautenfels 2006

Kaiser, Barbara: Schloss Eggenberg, Landesmuseum Joanneum Graz, Wien 2006

Kann, Robert A.: A History of the Habsburg Empire 1526–1918, Berkeley-Los Angeles-London 2004 (12. Auflage)

Karner, Stefan: Die Steiermark im Dritten Reich 1938–1945. Aspekte ihrer politischen, wirtschaftlich-sozialen und kulturellen Entwicklung, Graz 1994

Karner, Stefan (Hg.): Graz in der NS-Zeit 1938-1945. Ausstellungsbegleitband Grazer Stadtmuseum, Graz 1998

Krafft, Fritz (Hg.): Lexikon großer Naturwissenschaftler, Wiesbaden 2004 (2. Auflage)

Kraus, Karl: Die Fackel, Wien 1899-1936

Kraus-Müller, Ulrike: Franz Ignaz Flurer 1688-1742. Ein Barockmaler in der Steiermark. Ausstellungskatalog Stadtmuseum Graz 02. Dezember 1982-05. Februar 1983

Kronthaler, Michaela: Prägende Frauen in der steirischen Kirchengeschichte, in: Christentum und Kirche in der Steiermark 5, Kehl am Rhein 2000

Lamprecht, Gerald (Hg.): Jüdisches Leben in der Steiermark. Marginalisierung-Auslöschung-Annäherung, Innsbruck 2004

Leitner, Karin: Johann Veit Kauperz (1741-1815). Kupferstecher und Gründer der Steirisch-Ständischen Zeichenakademie. Phil. Diss., Graz 1998

Lemcke, Mechthild: Johannes Kepler, Reinbek bei Hamburg 2002 (2. Auflage) (= rowohlt monographie)

List, Rudolf: Kunst und Künstler in der Steiermark. Ein Nachschlagewerk, Ried im Innkreis 1967–1978

Literatur Lexikon. Autoren und Werke deutscher Sprache. Hrsg. v. Walther Killy, München 1989

Lyotard, Jean-François: Postmoderne für Kinder, Wien 1987

Maritschnik, Konrad: Ein „Flachland"-Literat, in: Neues Land vom 10. September 2004

Mommsen, Wolfgang J.: Vom Imperialismus zum Kalten Krieg. Bd. 1. Das Zeitalter des Imperialismus, Frankfurt am Main 2003 (= Fischer Weltgeschichte Bd. 28)

Musil, Robert: Gesammelte Werke in neun Bänden, hrsg. von Adolf Frisé, Reinbek bei Hamburg 1978

Naschenweng, Hannes P.: Die Landeshauptleute der Steiermark 1236–2002, Graz 2002

Novotny, Alexander / Sutter, Berthold: Innerösterreich 1564–1619, Graz 1964

Orthofer, Hilde: Josef Bellomo und das Grazer Theater. Phil. Diss., Graz 1931

Österreich Lexikon in zwei Bänden, hrsg. von Richard und Bamberger, Ernst Bruckmüller, Karl Gutkas, Wien 1995

Österreichisch Biographisches Lexikon 1815–1950, Graz 1957

Österreichisches Biographisches Lexikon 1815–1950, Online Edition: http://www.biographien.ac.at/oebl?frames=yes, zuletzt aufgerufen am 31.März 2008

Palmade, Guy: Vom Absolutismus zum bürgerlichen Zeitalter. Bd. 3. Das bürgerliche Zeitalter, Frankfurt am Main 2003 (= Fischer Weltgeschichte Bd. 27)

Parker, R. A. C.: Das Zwanzigste Jahrhundert I. Europa 1918–1945, Frankfurt am Main 2003 (= Fischer Weltgeschichte Bd. 34)

Peer, Peter / Dienes, Gerhard M (Hg.): Phantastisches und Abgründiges im Werk Fritz Silberbauers. Begleitpublikation zur Ausstellung im Grazer Stadtmuseum 21. Mai 2005-21. August 2005

Pelinka, Peter: Sozialdemokratie in Österreich, Wien 1988

Pollak, Walter (Hg.): Tausend Jahre Österreich. Eine biographische Chronik, Wien-München 1973-1975

Popelka, Fritz: Geschichte der Stadt Graz, 2 Bde., Graz 1928–1935

Purkarthofer, Heinrich: Geschichte der Familie Herberstein, in: Pferschy, Gerhard / Krenn, Peter: Die Steiermark. Brücke und Bollwerk, Graz 1986

Rauchensteiner, Manfried: Der Tod des Doppeladlers. Österreich-Ungarn und der Erste Weltkrieg, Graz–Wien–Köln 1997

Reifenscheid, Richard: Die Habsburger. Von Rudolf I. bis Karl I., Wien 1994

Reingrabner, Gustav: Protestanten in Österreich. Geschichte und Dokumentation, Wien–Köln–Graz 1981

Rohbeck, Johannes: Geschichtsphilosophie zur Einführung, Hamburg 2004

Rothfels, Hans / Besson, Waldemar: Geschichte, Frankfurt am Main 1961 (= Das Fischer Lexikon Bd. 24)

Rumpler, Helmut: Eine Chance für Mitteleuropa. Bürgerliche Emanzipation und Staatsverfall in der Habsburgermonarchie 1804–1918, Wien 1997

Ruck, Barbara / Kryza-Gersch, Friedrich: Schloss Eggenberg. Ein Führer durch die Sammlung. Abteilung Schloss Eggenberg am Landesmuseum Joanneum, Graz 1984

Šamperl Purg, Kristina: Janez Puh – Johann Puch, človek, izumitlj, tovarnar, vizionar, Ptuj 1998

Sandgruber, Roman: Ökonomie und Politik. Österreichische Wirtschaftsgeschichte vom Mittelalter bis zur Gegenwart, Wien 1995

Scheichl, Sigurd Paul / Brix, Emil (Hg.): Dürfen s` denn das?
Die fortdauernde Frage zum Jahr 1848, Wien 1999

Schlachta von, Astrid / Forster, Ellinor / Merola, Giovanni: Verbrannte
Visionen? - Erinnerungsorte der Täufer in Tirol, Innsbruck 2007

Schöllgen, Gregor: Das Zeitalter des Imperialismus,
München 2000 (4. Auflage)

Senarclens de Grancy, Antje: Keine Würfelwelt. Architekturpositionen
einer „bodenständigen" Moderne. Graz 1918–1938, Graz 2007

Senarclens de Grancy, Antje Halbrainer, Heimo: Totes Leben
gibt es nicht, Herbert Eichholzer, 1903–1943, Wien 2004

Sennett, Richard: Die Tyrannei der Intimität, in: Gedanke und
Gewissen. Essays aus hundert Jahren, hrsg. von Günther Busch
und J. Hellmut Freund. Frankfurt am Main, 1986

Siebel, Walter (Hg.): Die europäische Stadt, Frankfurt am Main 2004
(= edition suhrkamp 2323)

Simmel, Georg: Das Problem des Portraits. Neue Rundschau 1918,
Band II.-Wieder abgedruckt in: Der Goldene Schnitt. Große Essayisten der Neuen Rundschau 1890–1960, Frankfurt am Main 1960

Sohn-Kronthaler, Michaela / Kaindl, Heimo: frau. macht. kirche. Graz 2006

Staatslexikon. Recht, Wirtschaft, Gesellschaft. Hg. von der Görres-
Gesellschaft. 8 Bde., Freiburg im Breisgau, 1957–1963 (6. Auflage)

Steininger, Rolf / Gehler, Michael (Hg.): Österreich im 20. Jahrhundert,
ein Studienbuch in zwei Bänden. Bd. 1: Von der Monarchie
bis zum Zweiten Weltkrieg, Wien-Köln-Weimar 1997

Steinböck, Wilhelm (Hg.): Bedeutende Grazer im Porträt.
In Graz geboren-in Graz gewirkt, Graz 1977

Steinböck, Wilhelm (Hg.): Die vergessene Revolution Graz 1848.
Katalog zur gleichnamigen Ausstellung im Garnisonsmuseum
auf dem Grazer Schloßberg, Graz 1988

Steinböck, Wilhelm (Hg.): Fritz Silberbauer 1883–1974. Begleitpublikation
zur Ausstellung im Grazer Stadtmuseum,
29. November 1983 -14. Jänner 1984

Steinböck, Wilhelm: Graz als Garnison. Beiträge zur Militärgeschichte
der steirischen Landeshauptstadt, Graz 1982

Steinböck, Wilhelm (Hg.): Grazer Gastlichkeit. Beiträge zur Geschichte
des Beherbergungs- und Gastgewerbes in Graz, Graz 1985

Steinböck, Wilhelm (Hg): Grazer Industrie hat Tradition, Katalog zur
gleichnamigen Ausstellung im Stadtmuseum Graz, Graz 1981

Tempelweihe in Graz 1980, o. O und o. J.

The New Encyclopaedia Britannica in 30 volumes, 15th edition. Chicago London Toronto etc. 1977

Trobas, Karl: Raketen-Raketenpost-Postraketen, Graz 1992

Vacha, Brigitte (Hg.): Die Habsburger. Eine europäische Familiengeschichte, Graz-Wien-Köln 1996

Vajda, Stephan: Felix Austria. Eine Geschichte Österreichs, Wien Heidelberg 1980

Vocelka, Karl: Geschichte Österreichs. Kultur-Gesellschaft-Politik, München 2002 (2. Auflage) (= Heyne Sachbuch Nr. 19/827)

Vocelka, Karl: Österreichische Geschichte, München 2005

Wallner, Julius: Die Geschichte der evangelischen Gemeinde Graz Heilandskirche. Von der Reformationszeit bis zum Jubiläumsjahr 1956, Graz o. J.

Winkelbauer, Thomas: Ständefreiheit und Fürstenmacht. Länder und Untertanen des Hauses Habsburg im konfessionellen Zeitalter, Wien 2003

Woisetschläger, Kurt (Hg.): Der innerösterreichische Hofkünstler Giovanni Pietro de Pomis 1569 bis 1633, Graz 1974

Zach, Richard: „Streut die Asche in den Wind". Ausgewählte Gedichte. Hrsg. von Christian Hawle, Stuttgart 1988

Index

Aglio, Domenico dell'	**2, 39**
Adler, Friedrich	203, 206
Adler, Victor	189
Aigner-Rollet, Oktavia	**233**
Albrecht von Bayern, Herzog	45
Allmer, Josef	41, 45
Amerling, Friedrich von	153
Arnstein, Fanny von	153
Attems, Ferdinand Maria von	151
Attems, Ignaz Maria von	**97, 151**
Auerbach, Johann Karl	105
Baumkircher, Andreas	**10, 31, 266**
Behrens, Peter	231
Bellomo, Joseph	**131, 269**
Benedek, Ludwig, August von	**185**
Biberauer, Michael	**149**
Bismarck, Otto von	169
Biwald, Leopold Gottlieb	**2, 111**
Boeckl, Herbert	215
Boissard, Jean Jacques	25
Bonaparte, Napoléon	115, 129, 134, 137, 143, 161
Bonaparte, Napoléon Louis	115, 137, 153
Born, Max	261
Borromäus, Karl	99
Braun, Wernher von	225
Brenner, Martin	**51**
Bry, Theodor de	25
Bude, Leopold	189
Burckhardt, Jacob	9, 10, 15, 266
Caesar, Aquilinus Julius	**11, 113**
Caesar, Johann Andreas	113
Calvin, Jean	35, 101
Calvin, Johannes	35, 101
Carlos I. König von Spanien	99
Carlos III., König von Spanien	99
Chyträus, David	**49**
Clemens XIV., Papst	111
Conrad von Hötzendorf, Franz	183
Copernicus, Nicolaus	11, 57, 59
Czerweny von Arland der Ältere, Viktor	**253**
Czerweny von Arland der Jüngere, Viktor	**253**
Czimbarka von Masowien	19
Dadieu, Armin	**239**
Dale, Henry	217
Deleuze, Gilles	14, 15, 266
Delrio, Martin Anton	87
Dietrich, Anton	151

Dobler, Franz Kaspar	**137**
Dollfuß, Engelbert	8, 205, 206, 226, 229, 237, 245, 263
Draxl, Ursula	87
Eggenberg, Johann Ulrich	**71, 75**
Eggenberg, Ruprecht von	**55**
Eggenberger, Balthasar	**19, 31**
Egger-Lienz, Albin	215
Eichholzer, Herbert	**11, 219, 221, 267, 268, 271**
Eleonore von Portugal	19, 25
Emperger, Vinzenz Benedikt von	**2, 11, 159**
Ernst der Eiserne, Herzog	**2, 19**
Eskeles, Bernhard von	153
Faistauer, Anton	215
Farnese, Alessandro	55
Febvre, Lucien	6, 9, 15, 267
Felipe II., König von Spanien und Portugal	55
Ferdinand I., österr. Kaiser	147
Ferdinand I., röm.-dt. Kaiser	39, 41, 45
Ferdinand III./II., Erzherzog und röm.-dt. Kaiser	**7, 41, 42, 45, 52, 59, 65, 67, 68, 69, 71, 75**
Fischer von Erlach, Johann Bernhard	2, 89, 99, 268
Fischer, Johann Martin	111
Flurer, Franz Ignaz	**97, 269**
Franz Ferdinand, Erzherzog	2, 15, 183, 192, 193, 209
Franz I. Stephan, röm.-dt. Kaiser	115
Franz II./I., röm.-dt. und österr. Kaiser	8, 120, 121, 135, 147, 151
Franz Joseph, österr. Kaiser	8, 155, 226
Freud, Sigmund	195
Friedrich II. der Große, König von Preußen	105, 119
Friedrich V./III., Herzog und röm.-dt. Kaiser	**10, 19, 21, 23, 25, 29, 31, 53**
Frisch, Martha	203
Friz, Hans	**81**
Galilei, Galileo	59
Geramb, Viktor von	237
Ghega, Karl von	151
Glock, J. M.	149
Goethe, Johann Wolfgang von	123, 131, 173
Graf, Franz	**8, 189**
Gregor XIII., Papst	59
Grimm, Simon	89

Gropius, Walter	231
Gross, Hans	195
Guldin, Paul Habakuk	**77**
Haas, Hans	**10, 37**
Hackher zu Hart, Franz Xaver	**141, 185**
Hafez-e Schirazi	173
Hammer-Purgstall, Joseph von	**11, 173**
Hartberg, Otto von	61
Hauberrisser der Jüngere, Georg von	165
Hauberrisser der Ältere, Georg	**165, 266**
Hebbel, Friedrich	167
Herberstein, Familie	**61, 270**
Herberstein, Leopold von	61
Herberstein, Siegmund Friedrich von	**65**
Herberstein, Siegmund von	61
Herzog, David	**251**
Hitler, Adolf	8, 225, 237, 239, 240, 241, 253, 261
Hofbauer, Clemens Maria	171
Hofmannsthal, Hugo von	105, 268
Holzmeister, Clemens	219
Huber, Edgar	21
Hunyadi Mátyás, König von Ungarn	19, 21, 29, 31
Iffland, August Wilhelm	131
Institoris, Heinrich	87
Jacomini, Caspar Andreas von	**125**
Jantl, Anton	109, 127
Jeanneret, Pierre	219
Johann, Erzherzog	**11, 115, 143, 147, 151, 165, 169, 192**
Jona(s) von Graz	**33**
Joseph I., röm.-dt. Kaiser	89, 99
Joseph II., röm.-dt. Kaiser	**8, 79, 92, 105, 107, 113, 115, 117, 119, 120, 121, 125, 128, 135, 147, 149, 165, 177**
Kaiser, Josef Franz	159, 171
Kalchegger von Kalchberg, Johann	115
Kalina, Robert	261
Kant, Immanuel	4, 6, 7, 106
Kappeller, Josef Anton	123
Karl II., Erzherzog	**19, 41, 42, 45, 47, 65, 67, 77**
Karl V., röm.-dt. Kaiser	99
Karl VI., röm.-dt. Kaiser	**10, 93, 99, 101, 105**

Karl, Erzherzog	141
Kaspar, Julius	**2, 8, 263**
Kastner, Albert	**221**
Kauperz, Johann Veit	**127, 139, 269**
Kepler, Johannes	**11, 57, 59, 77, 269**
Kerpen, Wilhelm von	185
Kienzl, Wilhelm	189, 191
Kindermann, Joseph Karl	115
Kolig, Anton	215
Kotzebue, August von	131
Krafft-Ebing, Richard von	**195**
Kraus, Karl	15, 72, 193, 269
Krottendorf, Herbert von	61
Kubin, Alfred	215
Le Corbusier	219
Leonor de Portugal	19, 25
Leopold I., röm.-dt. Kaiser	**10, 81, 83, 84, 89**
Leopold II, röm.-dt. Kaiser	8, 115, 120, 121, 135, 147
Leopold III., Herzog	19
Leopold IV. der Dicke, Herzog	19
Lessing, Gotthold Ephraim	106
Leykam, Andreas	**117**
Lindauer, B.	181
Linné, Carl von	111
Lippay, D.	195
Loewi, Otto	**217**
Louis XIV., König von Frankreich	89
Ludwig XIV., König von Frankreich	89
Luther, Martin	35, 49, 56, 92, 101
Lyotard, François	7, 15, 269
Maler, Kaspar	37
Maly, Elga	247
Maly, Ida Sofia	**11, 247, 268**
Maria Anna, Erzherzogin	**45**
Maria Theresia, Königin von Ungarn, Regentin der Erblande	**99, 105, 107, 119, 120, 128, 135, 141, 187**
Martín y Soler, Vicente	131
Martinelli, R.	179
Martini, Carl Anton von	143
Matthias I. Corvinus, König von Ungarn	19, 21, 29, 31
Mauracher, Hans	215
Maximilian I., röm.-dt. Kaiser	19, 21, 34
Megerle, Johann Ulrich	91
Mendelssohn, Erich	231
Messner, Martha	**10, 87**

Metternich, Clemens Wenzel Lothar von	147, 154, 155, 168, 169, 226
Montecuccoli, Raimund/Raimondo	89
Montesquieu, Charles de	106
Mottl, Felix	191
Mozart, Wolfgang Amadeus	123, 131
Muchitsch, Vinzenz	**8, 205**
Muck, Carl	**191**
Mühsam, Samuel	251
Musil, Robert	182, 269
Mussolini, Benito	207
Nefe, Alfred	217
Nestroy, Johann Nepomuk	**167, 266**
Neuhold, Elfriede	259
Nicolini, Therese	131
Nippel von Weyerheim, Franz Xaver	**163**
Öhler, Franz	221
Pann, Fritz	109
Pawlikowski, Ferdinand Stanislaus	**237, 243**
Pereira, Heinrich von	153
Pereira-Arnstein, Ludwig Loius von	**153**
Pfrimer, Walter	226, 229
Philipp II., König von Spanien und Portugal	55
Piccolomini, Enea Silvio	**23, 25**
Pilch, Adalbert	217
Pius II., Papst	**23, 25**
Poelzig, Hans	231
Pojatzi, Florian	253
Pomis, Giovanni Pietro de	**51, 61, 67, 71**
Pongratz, Josef	197
Pratobevera, Katharina	**199**
Preis, Johann	113
Preisegger, Ignaz	159
Prinzhofer, August	185
Puch, Johann	**109, 152, 153**
Puh, Janez	**179, 270**
Raunacher, Johann Baptist Anton	115
Reichenfelser, Heinz	**245**
Resel, Johann	**197, 203**
Rintelen, Anton	**205, 229, 237**
Rollet, Alexander	233
Rosegger, Peter	117
Rothmayer, Joseph	165
Rudolf, Erzherzog	195
Rusterholzer, Elisabeth	115
Rusterholzer, Familie	**115**
Rusterholzer, Ignaz	115
Rusterholzer, Jakob	115

Rusterholzer, Johannes	109
Rusterholzer, Joseph	115
Sacher-Masoch, Leopold von	195
Sancta Clara, Abraham a	**91, 92**
Schäffer von Schäffenburg, Mathias	79
Schärffenberg, Hans von	**47**
Schiller, Friedrich	91, 131
Schlanderer, Josef	161
Schmiedl, Friedrich	**225**
Schnepf, Leopoldine	**10, 213**
Schönerer, Georg von	189, 241
Schreiner, Gustav Franz	173
Schrödinger, Erwin	**12, 261**
Schuppen, Jacob van	99
Schuschnigg, Kurt	237, 239
Schütte-Lihotzky, Margarethe	219
Schwitzen, Christoph von	123
Schwitzen, Sigmund von	**139**
Seebacher, Richard	**109, 137**
Seebacher, Susanne	**109**
Semper, Gottfried	251
Sennett, Richard	12, 13, 15, 271
Seyß-Inquart, Arthur	237
Sigmundt, Friedrich	221
Silberbauer, Fritz	**223, 253, 270, 271**
Simmel, Georg	13, 14, 15, 271
Spöck, Fortunat	**11, 123**
Steffen, Alfred	229, 239, 245, 263
Steffn, Johann Michael von	**133, 137**
Steinbüchel-Rheinwall, Rambald von	**231**
Stepan, Karl Maria	**237**
Stobaeus von Palmburg, Georg	51
Stolz, Robert	2
Straub, Philipp Jakob	97
Strobl, Niclas	**27**
Stürgkh, Karl	193, 206
Tattenbach, Hans Erasmus von	**8, 10, 83, 84, 89**
Tausk, Martha	**203, 267**
Tausk, Victor	203
Taut, Max	231
Thöny, Wilhelm	**12, 191, 205, 215, 245**
Trubar, Primož	35
Ude, Johannes	243
Vajda, Stephan	211, 271
Valdštejna, Albrecht Václav	67

Visconti, Viridis	19
Voltaire	106
Wallenstein, Albrecht Wenzel	67, 91
Weiler, Marie	167
Weitzer, Johann	**181, 257**
Wickenburg, Alfred	215
Wickenburg, Matthias Konstantin von	159
Widmanstetter, Georg	91, 117
Wilhelm II., dt. Kaiser	183
Withalm, Joseph Benedikt	**161**
Zach, Richard	**11, 259, 272**
Zängerle, Roman Sebastian	**171**
Zappel, Gregorius	79
Zeiller, Franz Anton von	**11, 143**
Zerlacher, Ferdinand Matthias	221
Zisser, Hans	245

Wir danker für die freundliche Unterstützung des
„GRAZ PORTRAITS"-Projekts:

Hauptsponsoren:

REGENT Lighting

Kastner & Öhler

Förderer:

**Asset One Immobilienentwicklungs AG
Friedrich Schmiedl-Stiftung
Verein der Freunde des stadtmuseumgraz**

Impressum

Ausstellung
GRAZ PORTRAITS.
EINE KLEINE GESCHICHTE DER STADT GRAZ.
9. April bis 31. August 2008

Idee und inhaltliche Konzeption: **Otto Hochreiter**
Gestaltung: **Margareth Otti**
Historische Betreuung: **Gerhard Schwarz**
Kunsthistorische Betreuung: **Ulrich Becker,
Annette Rainer, Katharina Gabalier**
Projektleitung: **Annette Rainer**
Projektmanagement: **Elisabeth Grabner**
Best boy: **Katharina Gabalier**
Konservatorische Betreuung: **Franz Leitgeb, Katharina Gabalier**
Restaurierung: **Erika Thümmel, Christine Liebmann,
Melitta Schmiedel, Paul-Bernhard Eipper,**
Lektorat: **Annette Kravanja, Sabine Turek-Pirker**
Vermittlung: **Sabine Turek-Pirker und Team**
Controlling: **Sibylle Dienesch**
Technik: **Peter Waltersdorfer und Team**

Leihgeber
Alte Galerie am Landesmuseum Joanneum, Neue Galerie am Landesmuseum Joanneum, Bild- und Tonarchiv am Landesmuseum Joanneum, Bildarchiv der Österreichischen Nationalbibliothek, Steiermärkisches Landesarchiv, Schloss Herberstein, Kulturamt-Stadtarchiv Graz/Gradec, Kulturamt der Stadt Graz/Gradec, Karl-Franzens-Universität Graz/Gradec, Dominikanerkonvent Graz/Gradec, Dokumentationsarchiv des Österreichischen Widerstandes, Evangelische Pfarrgemeinde Graz/Gradec-Heilandskirche sowie zahlreiche private Leihgeber und Leihgeberinnen.

Katalogbuch
Verfasst und herausgegeben von **Otto Hochreiter unter Mitarbeit
von Gerhard Schwarz**
Redaktion: **Gerhard Schwarz**
Grafische Gestaltung: **Otto Hochreiter, Margareth Otti,
Max Gansberger**
Lektorat: **Gerhard Maierhofer (Wieser Verlag),
Sabine Turek-Pirker (satdtmuseum**graz**)**

Namentlich nicht gekennzeichnete Artikel wurden vom Herausgeber verfasst. Für den Inhalt der Beiträge zeichnen die Autoren und Autorinnen verantwortlich. Aus Gründen der Lesbarkeit wurde in diesem Katalogbuch darauf verzichtet, geschlechtsspezifische Formulierungen zu verwenden. Jedoch möchte der Herausgeber ausdrücklich festhalten, dass die verwendeten maskulinen Formen für beide Geschlechter zu verstehen sind. Sollten ohne unsere Absicht etwaige Rechte verletzt oder nicht eingeholt worden sein, bittet der Herausgeber um Mitteilung.